改訂

情報検索講義

伊藤真理　上岡真紀子　浅石卓真

樹村房

改訂版に寄せて

情報検索や情報リテラシーに関する類書は少なくありません。しかし，それぞれに特徴があり，編集の方針も異なります。本書では，インターネットでの情報入手が当たり前になった大学生を主な対象者として，フェイクニュースなどに惑わされない情報の利用者を育てることを意図しています。かつ，大学での勉学のスタートにふさわしい基本的な参考ツールであるデータベースを紹介し，データベースを検索して情報を見つけるだけでなく，その情報が役立つものなのかどうかについて考えることを大事にしてもらいたいと考えています。当改訂版においても本書の意図はそのままとし，全体の構成についても大きく変更していません。しかし，自学のために利用してくださる方や司書課程・基礎教育科目で本書を採用してくださる大学もあり，また日進月歩で進化する電子的情報源への対応も含めて，内容の一部や穴埋め方式について見直すこといたしました。

改訂に際しては，わかりやすさという観点から，資料の種類で章立てをするというよりも，実際の情報の探し方に沿った内容となるように検討しました。大学生がレポートをまとめる時に気をつけておくべきことや理解するべきことなどをまとめるとともに，街の図書館でも利用できるデータベースを紹介して，一般市民としてそれらを適切に使いこなせるように工夫しました。

問題解決のプロセスでは，適切な知識とスキルを身につけるために，ある特定のデータベースを検索できることを目標とするだけでは不十分でしょう。上述のような情報利用者になるためには，情報を入手するまでのプロセスとそれに対する振り返りが肝要です。そのため，さまざまなデータベースをどのように使うかではなく，どういうときに役立つのかを理解しましょう。さらに，見つけた情報を適切に示す，つまり書誌情報を正確に記載できることをまず心がけたいと思います。各章の例題では，検索結果の書誌情報を記載することを課していますので，種類の異なる情報についての書き方に慣れてください。

私たちは，本書が読者のみなさまの情報リテラシーのための一助となることを切に願っております。お気づきの点など，忌憚のないご教示を賜りますと幸いです。

改訂作業でもまた石村早紀さんに大変お世話になりました。著者一同心よりお礼申し上げます。

2020 年 8 月

伊藤　真理
上岡真紀子
浅石　卓真

本書の使いかた

本書は大まかに，３つの部分で構成されています。第１章から第４章までの情報検索に関する基本的な知識，第５章から第 14 章までのさまざまなデータベースの紹介，演習問題，です。

本書で取りあげたデータベースは，なるべく身近な参考ツールであることを念頭において，これだけは知っておくとよいと考えられるデータベースを選びました。なるべく無料で利用できるものを優先しています。ただし，第７章で取りあげている蔵書検索システム（OPAC）については，みなさんが日頃利用されている OPAC を使って学習していただきたいと考え，特定の OPAC を紹介していません。そしてこれらのデータベースを使って情報を探すためには，第４章までで説明しているデータベースの構造や，ふさわしい検索語の選択，検索機能の理解が必要です。近年では，データベースが相互にリンクしていることも多いため，別の章で説明したことがらを参照することも必要になることがあります。みなさんは，本書の該当する箇所を振り返りながら，学習を進めてください。

各章では，そこで取り上げているトピックや参考ツールに基づき，内容の理解の確認ができるように例題をあげています。どのようなプロセスが可能かについては解答例として示しました。唯一の正答はありませんので，解答例はあくまでも一つの例として捉えてください。復習のためには，第 14 章のあとに章ごとに分けた演習問題を掲載しています。本書を授業で使用される場合には，時間配分に応じて演習問題を授業内で取り組んでもよいですし，課題として利用くださることも可能です。それぞれ３問程度作成しており，３問目は適切な情報を得るために２ステップ以上の作業が必要な内容にしています。

「改訂版に寄せて」でも説明しましたように，発見した情報を適切に示すことを習慣づけるため，書誌情報を記録するということも行っていきましょう。書誌情報の書き方は，分野やコミュニティによって異なります。本書では第２章で説明していますように SIST02 を使っていますが，ご自分の所属するコミュニティに準じて（あるいは授業の指示に従って）選択してください。

なお，「標目」等の目録用語は今後変更になる可能性がありますが，本書では執筆時点での OPAC の状況を優先することとしました。また各種データベースについては，どういう段階を説明しているのかについて戸惑うことがないように，トップ画面，検索画面，検索結果一覧等（データベースによって表示している画面が異なります）を示しています。これらのインタフェースや URL は，更新等によって変更になることがありますことをご了承ください。

目次

第1章
大学での学びと情報検索

問題解決や意思決定のために，「必要な情報を見極め，それらを効果的・効率的に収集し，集めた情報の中から信頼できる情報を見極め，それらを適切に活用する能力」，すなわち情報リテラシーは，大学で習得すべき重要なリテラシーの一つです。

この章では，高校までの学習と大学での学びの違いを踏まえて，この講義で学ぶ情報検索と大学における学びとの関係を解説します。

大学での学び

- 高校までの学び
  → すでに答えがあることに取り組む
- 大学での学び
  → 現実の課題，未知の課題に取り組む
  したがって，答えがない
- 大学では，それらの問いに，
  自ら考え，答えを出き出せるようになることを目指す
  ＊ 課題解決，意思決定

課題解決のために

- 「自ら考え，答えを導き出す」ための手順
  その問題・課題に対して，
  → 必要な情報を集め，
  → 集めた情報を批判的に検討し，
  → 情報を証拠・根拠として提示しながら，
  論理的に答えを導き出す

情報収集と情報の評価

- 課題解決や意思決定が妥当であるためには，
  答えの導出が，
  信頼できる情報に基づいていることが必要
- そのため，
  適切な情報源を利用する
  集めた情報の信頼性を評価する
  両方の態度が必要となる

問題解決と情報リテラシー

- 問題解決や意思決定のために，
  「必要な情報を，効果的・効率的に収集し，
  批判的に評価し，適切に活用し発信する
  能力」
  ＝「情報リテラシー」
- この講義では，基本的な情報収集
  特に，データベースを使った情報検索と信頼できる情報の評価方法について学ぶ

この講義での学び

- 適切な情報源を利用する
  - 情報源の種類と特徴
  - 調べるためのツールの種類，基本的な使い方
  - 基本的データベース
- 集めた情報の信頼性を評価する
  - 学術情報と一般向けの情報の違い
  - 情報を評価する際のポイント

この講義の構成

第１章　大学での学びと情報検索
第２章　情報源の種類と特徴
第３章　データベースの内部構造
第４章　データベース検索の基本
第５章　言葉や事柄を調べる
第６章　図書を調べる
第７章　単館の所蔵を調べる
第８章　複数館の所蔵を調べる
第９章　雑誌記事を調べる
第10章　新聞記事を調べる

第11章　人物情報を調べる
第12章　公的資料を調べる①
第13章　公的資料を調べる②
第14章　インターネット情報を調べる

第2章
情報源の種類と特徴

本章では，これからみなさんが情報収集をする際に検索の対象とする情報源の種類と特徴を学びます。情報源の生産と流通の過程をたどって，それらの特徴を理解しましょう。さらに，そのときどきのテーマやトピックの内容によって，どの情報源を利用したらよいかを判断できるようになることを目指します。

情報の生産と流通
テレビ・ラジオ・インターネット

- 特定のことがらに関する情報は，いつ，誰が生産し，どのような媒体を通じて流通するのか？

出来事が起こる

断片的な情報 ↓

当日

テレビ・ラジオ：　専門家（ジャーナリスト）
インターネット：　専門家，一般人

- 記者が取材によって裏を取り，記事として発信する
- ネットでは一般の人も情報を発信する

情報源の特徴
インターネット上の情報

- 速報性は非常に優れている
- 音声，映像，テキストなど，さまざまな形態の情報がある
- 誰でも情報を発信することができ，専門家が発信する情報も，一般人が発信する情報もある
- 発信者の身元が不明（または匿名）の情報も多い
- 情報の質を担保する仕組みが存在しないため，事実も，誤った情報も存在する
- 図書，雑誌，新聞，テレビ番組の情報も存在する
- インターネットでは入手できない情報も多い

情報の生産と流通
新聞

1日後

新聞 ： 専門家(ジャーナリスト)

- 記者の取材に基づいて編集された情報が発信される
- 出来事が起こった直後に比べると情報の量も増え，まとまった情報が掲載される

情報源の特徴
新聞

- 速報性に優れ，時事的な問題に強い
- 全国紙・地方紙と専門紙，全国紙の地方版がある
- 記者(ジャーナリスト)が執筆
- 取材(裏をとる作業)と，デスクと呼ばれる編集責任者による確認により質が担保される
- ただし，立場は中立ではない
- インターネットで提供されている電子版は，基本的に記事の一部を提供する
- 過去のものは，縮刷版(紙，マイクロ)，電子版はデータベースを通じて見ることができる

情報の生産と流通
(一般)雑誌

1週間後～1か月

(一般)雑誌(週刊誌・月刊誌など) ：
専門家(記者・ライター)

- 記者やライターの取材や調査に基づいて編集された情報が掲載される
- 情報は量が増え，さらにまとまったものになっていく

情報源の特徴
（一般）雑誌

- 記者，ライターが執筆
- 記事によっては，根拠となる情報源が示されていない場合もある
- そのため，信頼性は記事によって異なる
- インターネット上で，記事の一部が提供されている場合もある（無料・有料あり）
- バックナンバーは図書館で保管されている
- 電子版は図書館が契約するデータベースを通じて見ることができるものもある

情報の生産と流通
学術雑誌

数か月後～1年後

学術雑誌：　研究者
例）　学会誌，大学紀要など

- 研究者が，研究成果を，学会や学術雑誌で発表する

情報源の特徴
学術雑誌

- 研究者の研究成果である論文を掲載する雑誌。学会が刊行する「学会誌」，大学から出される「紀要」のほかに，商業出版社から刊行されるものもある
- 商業出版社が刊行しているものは書店で売られているが，学会誌は，学会の会員にのみに配布される
- 大学図書館は，さまざまな学会の購読会員となり，学会誌を収集している

情報源の特徴
学術雑誌（続き）

- 現在では，多くの学術雑誌が，過去のものも含め，電子ジャーナルとして出版されている
- 学術雑誌に投稿された論文は，掲載される前に，査読（ピアレビュー）と呼ばれる審査を受ける。この手続きにより，学術情報としての質が担保されている
- 大学の発行する紀要の多くは電子化され，各大学の機関リポジトリを通じて提供されている

情報源の特徴
学術情報（続き）

- 学術的に利用されることを目的として生産された情報
- 基本的に学術コミュニティのメンバーに向けて生産される
- 学術情報は，必ず過去の研究成果が参照され，それらを踏まえて生産される
- 情報は証拠や根拠に基づいて生産され，集めた情報が証拠と根拠として利用される
- 利用した情報は，引用箇所，および出典を明示しなければならない
- 学術情報は，上記のルールにしたがって生産される

情報の生産と流通
公的資料

1年後～

政府刊行物（統計類，白書，法令集，判例集，議事録等）：公的機関

- 府省庁などの公的機関から，1年の諸活動の結果が報告として出される

情報源の特徴
公的資料

- 統計・白書，法令集・判例集，議事録など
- 各府省庁などの公的機関から，1年の活動の内容や結果を報告としてまとめたもの
- そのため，出版年と掲載されている情報の年次が異なる場合がある
- 現在では，ほとんどのものがインターネット上で提供されている

情報の生産と流通
図書

1年後～数年後

（一般）図書：　さまざまな著者
学術書：　研究者，専門家

- 情報がまとまった量になると，図書として出版される
- 研究成果も量がまとまると図書（学術書）として出版される

まとまった情報へ

情報源の特徴
図書

- 情報量は最も多く，情報は体系的にまとめられている
- さまざまな著者によって執筆され，ジャンルもさまざまなものがある
- 編集者のチェックを経て出版されるという点で，質を担保するための仕組みが存在する
- ただし，自費出版されるものもあるなど，情報の質そのものはさまざまである

情報源の特徴
一般書 vs. 学術書

- 一般書

  一般の人に向けて書かれた図書。多くの図書が一般書。一般書の生産には，学術情報の生産の際のようなルールはない。

- 学術書

  研究者が研究成果をまとめたものなど，学術利用のために書かれた図書。情報の引用と出典の明示など，学術情報生産のルールにしたがって書かれている。

情報の生産と流通
レファレンスツール

1年後～数年後

レファレンスツール（調べるためのツール）：専門家（研究者等）

- 出来事についての確定した内容が，辞書・事典類，便覧等の項目として記載される
- これまでに生産された情報を調べるためのツールが作成される
  例）書誌，目録，索引

情報源の特徴
辞典・事典類，便覧

- 項目は，その分野の専門家が執筆することが多い
- 各項目には，それまでに研究によって明らかになり，確定した情報が簡潔に記載されている
- 情報の信頼性は高い
- ことばについて調べるには辞典，ことがらについて調べる際には事典を利用する
- 事典には，すべての領域を対象とする百科事典と，経済学事典，社会学事典など，特定の領域を対象とする専門事典がある

情報源の特徴
辞典・事典類，便覧（続き）

– 事典の編集には膨大な時間がかかるため，出版されるまでに何年もかかる。
– そのため頻繁には改訂されない。
– 新しい情報が掲載されるまでに時間がかかるため，最新の情報が掲載されていないこともある
– 掲載されている情報が古くなっている可能性もある
– 便覧は，特定の領域についての知っておくべき内容を簡便にまとめたもの。必要な情報が見やすく，調べやすいように編集されている。

情報源の特徴
書誌

– 何らかの基準で選ばれた図書，論文，記事等の一点一点を識別するための特徴を，一定の記述規則に基づいて書誌情報に表現し，排列したリスト
– 文献リスト，文献目録ともいう
– 広義の書誌には，目録と索引が含まれる

情報源の特徴
目録

– 書誌情報に所在情報を加えたリスト
– 個々の図書館で所蔵する資料をリスト化した蔵書目録と，複数の図書館の情報を一つにした総合目録とがある
– 個別の図書館の蔵書目録データベースをOPAC（Online Public Access Catalog）と呼ぶ
– 複数の図書館の蔵書目録を一括して検索することができる横断検索システムも普及している

情報源の特徴
索引

- 図書や雑誌，その他の資料，情報源を対象として，その中の特定部分に容易にアクセスできるよう，アクセスの手がかりとなる語（索引見出し語）を一定の規則（五十音順やアルファベット順など）で排列し，各見出しのもとに該当する情報の所在指示を記載したリスト

情報の生産と流通
デジタルアーカイブ

デジタルアーカイブ：博物館，美術館，図書館，文書館，研究機関など

- 電子化され保存される

情報の生産と流通
機関リポジトリ

1年後～

機関リポジトリ：大学・大学図書館

- 各機関において，その機関に所属する研究者が執筆した記事や論文などが電子的に保存され，一般に公開される

さまざまな情報源を利用しよう

- 情報探索では，図書，雑誌，新聞，辞書・事典類など，情報ニーズに応じて，適切な情報源を判断して利用することが重要
- すでに多くの知見が存在する場合には，事典類や図書を利用することでまとまった情報が得られる
- 時事的なことがらについて調べる場合には，情報が素早く生産される雑誌記事，新聞，インターネットなどを活用する
- 統計データ，法令・判例，議事録，企業情報など，特定のタイプの情報源を利用しなければならない場合もある
- インターネットの検索だけでは不十分

情報源の記録
図書

- 情報源の種類を識別できるように，情報源ごとに記述すべき要素が決められている

■図書（一冊）の場合

著者名．タイトル（書名）．出版者，出版年，総ページ数．

例）

吉見俊哉．大学とは何か．岩波書店，2011，259p.

情報源の記録
雑誌記事

■雑誌記事・論文の場合

著者名．記事のタイトル．掲載雑誌名．出版年，巻数，号数，初めのページ－終わりのページ．

例）

飯吉透．オープンエデュケーションの進展と高等教育の質保証の課題：MOOCの台頭を巡って．カレッジマネジメント，2014，vol.32，no.2，p.6-11.

情報源の記録
新聞記事

■新聞記事の場合

著者名（あれば）．記事のタイトル（見出し）．新聞名．発行年月日．朝夕刊の別，版表示（全国版以外の場合），掲載面（ページ）．

例）

小中にPC1人1台　4年間で4000億超　2318億円，今年度補正計上へ．朝日新聞．2019-12-12，朝刊，p.4.

情報源の記録
ウェブページ

■ウェブページの場合

著者名（あれば）．“ウェブページ（記事）のタイトル”．ウェブサイトの名称．URL，（閲覧した日付）．

例）

“新型コロナウイルスに関するQ&A（一般の方向け）”．厚生労働省．
https://www.mhlw.go.jp/stf/seisakunitsuite/bunya/kenkou_iryou/dengue_fever_qa_00001.html．（参照2020-03-07）．

例題

次のことがらに関する情報は，どの情報源で入手できるだろうか。調べるべき情報源（1種類とは限らない）と，その理由を書いてみよう。

1. テコンドーとはどのような競技か。簡単に知りたい。
2. アクティブラーニングに関する最新の研究成果にどのようなものがあるかを知りたい。

例題：解答例

1. テコンドーとはどのような競技か。概要を知りたい。

〈考え方〉

テコンドー（ことがら）について知りたい

→ ことがらについて調べるには，「事典」を利用する

→ 百科事典，スポーツの専門事典など

例題：解答例

2. アクティブラーニングに関する最新の研究成果にどのようなものがあるかを知りたい。

〈考え方〉

アクティブラーニングについての研究成果

→ 研究成果は論文として「学術雑誌」に掲載される

→ 最近刊行された学術雑誌に，“アクティブラーニング”についての論文の掲載がないかを調べる

第3章
データベースの内部構造

検索対象となるデータベースの内部構造を理解することは，効率的な情報検索に役立ちます。各種データベースでは，検索システムの機能と矛盾しないように工夫して，検索対象となる情報が蓄積されています。

この章では，図書や論文を対象とした書誌データベースを例にして，データベースに関する基本的な用語と，著者やタイトルなどの書誌情報がデータベースの内部でどのように記録されているかを学びます。

さらに，索引語として使われる自然語と統制語の違い，統制語の探し方なども学びます。

データベース

- コンピュータによる加工や処理を目的として，特定の方針に基づいて組織化された情報ファイル
- 複数のファイルから構成され，ファイルは複数のレコードから構成される

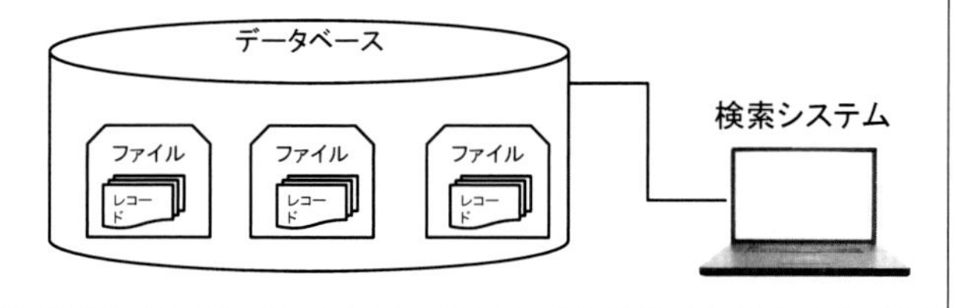

レコード

- データベースを構成する基本単位
  - 書誌データベースの場合は各図書や論文に相当
- 一般に，複数のフィールドから構成される

```
author     = "今，まど子",
title      = "図書館学基礎資料",
publisher  = "樹村房",
year       = "2015",
edition    = "第12版",
URL        = "http://ci.nii.ac.jp/ncid/BB18477434"
   :
```
↑ フィールド

フィールド

- レコードを構成している要素
  - 書誌データベースでは著者，書名，出版年，出版社などの書誌情報に相当
- 検索画面ではフィールドが検索項目となる

検索項目

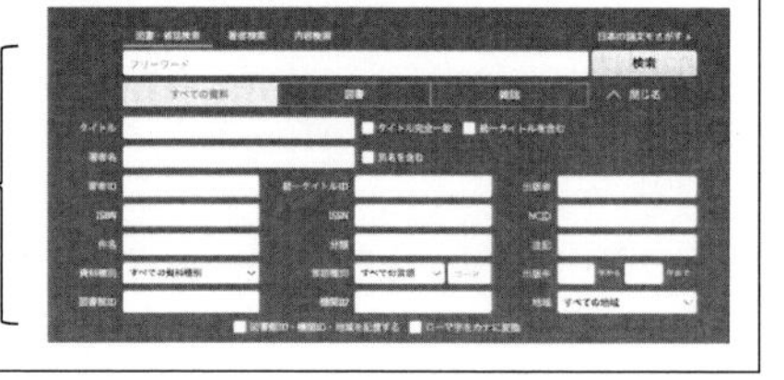

索引（転置）ファイル

- 検索用の語（＝索引語）と，それが出現するレコードとを対応させたファイル
- 索引語はレコードから抽出，または特定の用語リストから選択される
- 特定の索引語を含むレコードを迅速に検索するために使われる

索引ファイルのイメージ

索引語	出現レコード
言語	レコード1，レコード3
コンピュータ	レコード1，レコード2，レコード5
問題	レコード1，レコード2，レコード3，レコード4
情報	レコード3，レコード4，レコード5

索引語

- 特定の情報・資料を検索する手がかりとして，主題や属性を語の形で表現したもの
- タイトルや本文に含まれている語（自然語）
- 特定の用語リストから選ばれ，意味や使用範囲があらかじめ規定されている語（統制語）
  - 標目，ディスクリプタ，分類記号
- 主題を表さない著者名や出版年も，索引語となる

索引語の登録:自然語

1. フィールドを選択
2. 索引語候補の抽出
   - 文字列を形態素(語)単位に分割
3. 文字の正規化
   - 全角と半角, 旧字と新字, 大文字と小文字などを一定のルールに従って統一する
4. ストップワードの除外
   - 助詞や助動詞など, 検索に使われない語は索引語から除外する
5. 索引ファイルに登録

索引語の登録:統制語

1. フィールドを選択
2. 統制語彙表を選択
   ①『基本件名標目表』(BSH)
   ②『国立国会図書館件名標目表』(NDLSH)
      - 統制語は件名標目と呼ばれる
   ③『JSTシソーラス』
      - 統制語はディスクリプタと呼ばれる
   ④『日本十進分類法』(NDC)
3. レコードごとに統制語彙表から統制語を登録

検索では:自然語

- 思いついた検索語が登録されているレコードのみ検索できる
- 網羅的に検索するには, 以下も検索語に含める必要がある
  - 同義語: 例) 本=図書, 便所=トイレ
  - 類義語: 例) ねじる≒ひねる, つかむ≒にぎる
  - 関連語: 例) 遊戯 ⇒ 遊具, 戦争 ⇒ 闘争
  - 上位語・下位語: 例)戦争< 国際紛争, 地球<惑星
- 専門用語を使うとピンポイントな検索が可能

検索では：統制語

- 同義語による検索漏れや同形異義語によるノイズを防ぎ，レコードを効率的に検索できる
  - 実際のレコードに出現する語が「本」「図書」「書籍」「書物」などであっても，「図書」という統制語を使えば全て検索できる
- 統制語のリスト（統制語彙表）には，各統制語の参照語，上位語，下位語，関連語などが示されている

典拠レコード

- 標目を管理するレコード
- 別表記，上位語，下位語などから標目を参照できるように整理している
  - 標目とその別表記（参照語），上位語（広義語），下位語（狭義語），関連語
- Web NDL AuthoritiesやVIAF（バーチャル国際典拠ファイル）などで確認できる

Web NDL Authorities

- 国立国会図書館で作成している典拠レコードを検索・提供するサービス

例：「バイオマス」という件名標目を検索

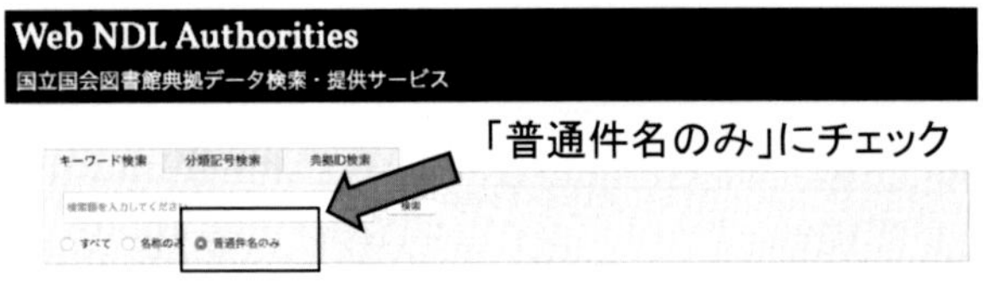

Web NDL Authorities
国立国会図書館典拠データ検索・提供サービス

「普通件名のみ」にチェック

統制語（件名標目）を調べる

検索対象：普通件名のみの"バイオマス"

キーワード検索　分類記号検索

バイオマス　検索

すべて　名称のみ　普通件名のみ

詳細を表示するには
検索結果をクリック

すべて (19 件)
個人名 (0 件)
家族名 (0 件)
団体名 (11 件)
地名 (0 件)
統一タイトル (0 件)
普通件名 (8 件)

8件中 1 - 8 件目

バイオマス
← 生物量; 生物体量; Biomass

バイオ燃料
← バイオマス燃料

バイオマスエネルギー--特許--日本

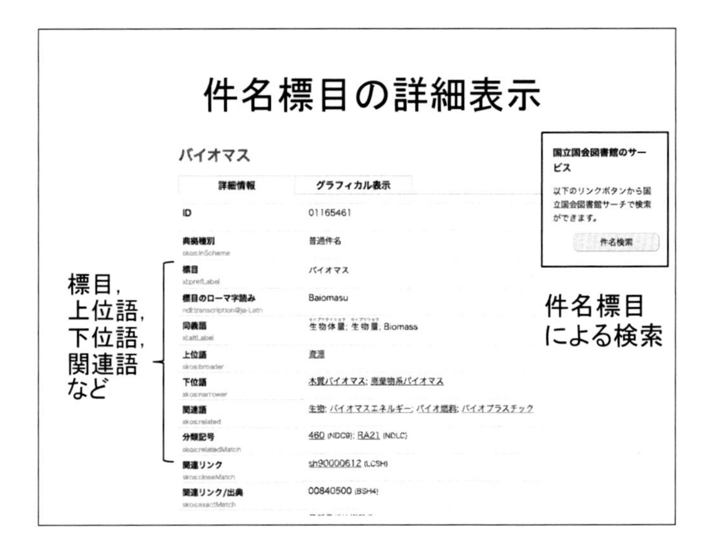

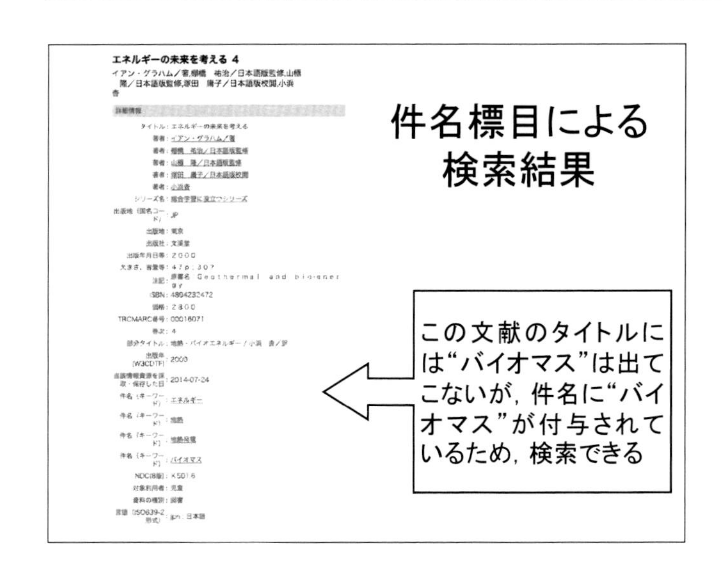

J-GLOBAL
(科学技術総合リンクセンター)

- 科学技術振興機構(JST)が提供する学術情報の総合データベース
- 研究者，文献，特許，研究課題，機関，科学技術用語などを検索できる
- 人文・社会科学の用語も豊富に収録している

統制語(ディスクリプタ)を調べる

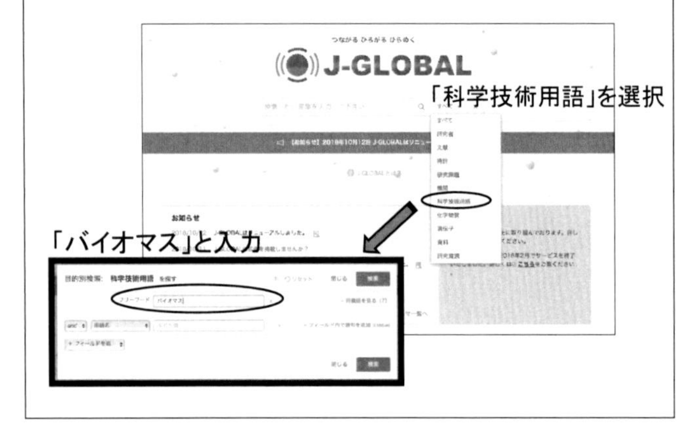

統制語(ディスクリプタ)の関連語

検索語の同義語(参照語)，関連語，上位語，下位語などが表示されている

JSTシソーラスmap

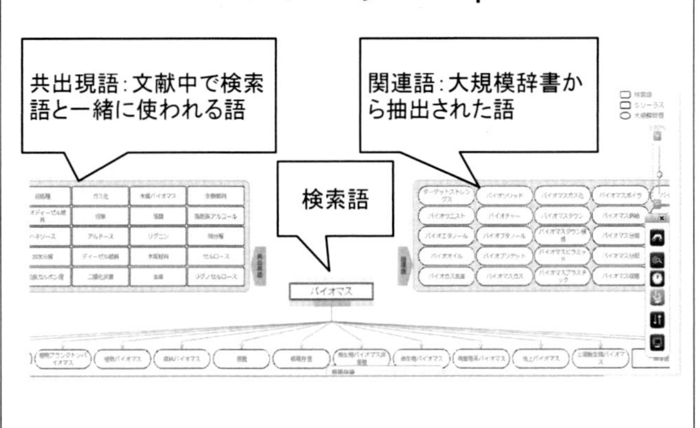

統制語（ディスクリプタ）の共出現語

- 科学技術文献データベース（JSTPlus，JMEDPlus）中の論文で，検索語と共出現する（一緒に使われる）頻度が高い語
- 検索語と直接の意味的なつながりはないが，用途，手段，目的などで関連がある
  → 通常では得られにくい気づき，追加すべき検索語が得られる

例題

“PM2.5”という件名標目やディスクリプタはあるか。それらの上位語，下位語，関連語，参照語などもあわせて調べなさい 。

(1) 件名標目，その上位語・同義語
　→Web NDL Authorities を検索
(2) ディスクリプタ，その主題カテゴリ・上位語・別名・同義語
　→ J-GLOBALを検索

例題：解答例

(1) Web NDL Authorities を利用した件名標目の検索

件名標目　　浮遊粒子状物質
上位語　　粉塵，大気汚染物質
同義語　　SPM(粉塵)

(2) J-GLOBALを利用したディスクリプタの検索

ディスクリプタ　　PM2.5
主題カテゴリ　　環境公害
上位語　　浮遊粒子状物質
別名・同義語　　PM2.5粒子　PM2.5[微粒子]

第4章
データベース検索の基本

一般に検索システムには，情報要求を満たすレコードを網羅的に検索したり，複雑な条件を満たすレコードだけを検索したりできるように，さまざまな検索機能が組み込まれています。

本章ではまず情報検索の一般的な手順を把握した上で，多くの検索システムで提供されている基本的な検索機能を，具体例を挙げながら解説していきます。

これにより，この後の章で紹介するさまざまな検索システムを使い，効果的な情報検索を行うための準備を整えます。

情報検索

- あらかじめ組織化され大量に蓄積されている情報の集合から，ある特定の情報要求を満たす情報の集合を抽出すること
- 主に検索システムでデータベースを検索する場合を指す
- 検索対象により，事実検索と文献検索に分けられる

情報検索の手順

情報ニーズの把握と明確化
- 情報ニーズを情報要求として表現
- 情報要求に関連する検索語の選定

→

データベースの選択と検索戦略の決定
- 検索漏れのない検索をするか，ノイズの少ない検索をするかの選択
- 予備的検索結果による検索戦略の精緻化

→

情報検索の手順(続き)

検索式の作成

- 検索語の組み合わせ(論理演算)を検討
- 検索システムの機能を確認

検索の実行，検索結果の評価

- 検索結果に含まれる文献が情報ニーズを満たしているかの検討
- 検索漏れが存在する可能性の検討

情報ニーズの把握

- 情報ニーズとは，自分の知識や経験では問題を処理できないと判断し，解決に有用な情報を外部に求めようとする認識状態
- 質問の形式をとった「情報要求」として表現されることで，情報検索が始められる
- 情報ニーズの把握には，それを引き起こした問題状況や理由の理解が必要

データベースの選択

- OPAC
- CiNii Books
- CiNii Articles
- NDL ONLINE
- NDL Search
- カーリル
- IRDB
- JapanKnowledge
- Web OYA-bunko
- 聞蔵Ⅱビジュアル
- 日経テレコン
- Web whoplus
- e-Stat
- 日本法令索引

検索戦略の決定

- 情報検索の目的や状況を踏まえて決定する
  - 網羅的な検索をするのか，特定の情報のみを検索するのか
  - 検索語として自然語を使用するのか，統制語を使用するのか
  - 使用言語や期間を限定するのか
  - どの程度の情報を収集するのか
  - etc.
- 検索結果の評価が悪ければ，検索戦略を立て直してから再度検索する

検索式の作成

- 検索式とは，特定の検索システムで処理できる形式に変換された情報要求あるいは検索質問
- 一般に検索式の作り方は検索システムごとに異なる
- 複数の検索語を組み合わせて検索式を作成する場合もある（→ 論理演算）

検索の実行：論理演算

- 検索語を組み合わせて行う検索
  - AND検索：入力した検索語を全て含むレコード群を検索
  - OR検索：入力した検索語のいずれかを含むレコード群を検索
  - NOT検索：入力した検索語を除外したレコード群を検索
- 論理演算に使う記号を論理演算子という
  - 論理演算子は検索システムごとに異なる
  - ここではAND，OR，NOTを利用する

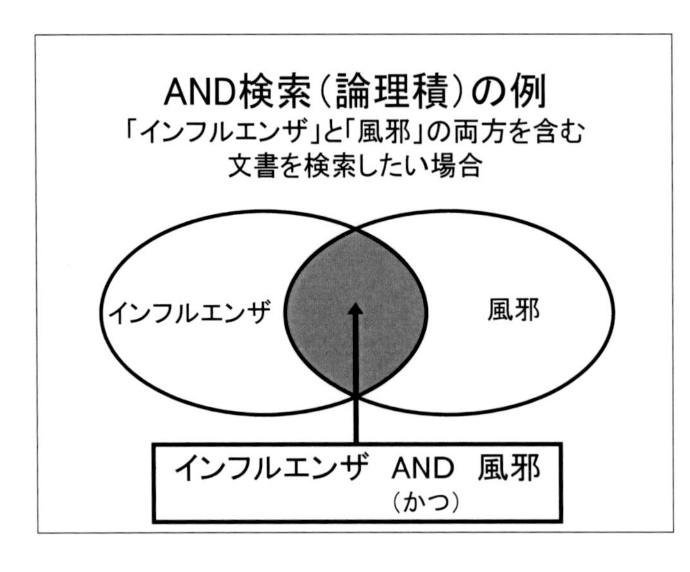
AND検索（論理積）の例
「インフルエンザ」と「風邪」の両方を含む
文書を検索したい場合
インフルエンザ
風邪
インフルエンザ　AND　風邪
（かつ）

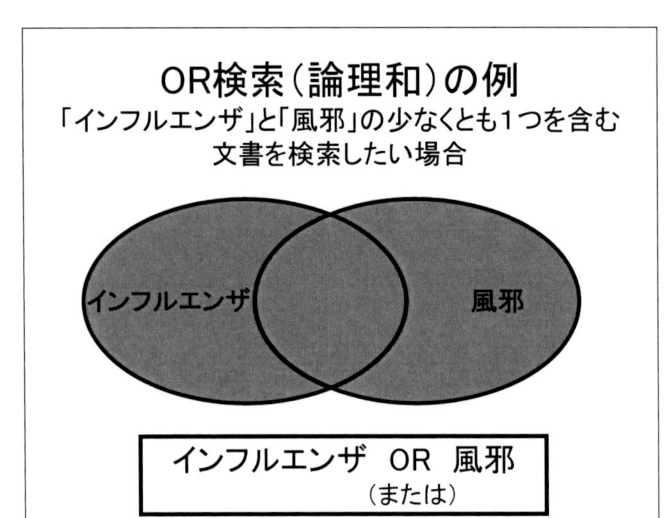
OR検索（論理和）の例
「インフルエンザ」と「風邪」の少なくとも1つを含む
文書を検索したい場合
インフルエンザ
風邪
インフルエンザ　OR　風邪
（または）

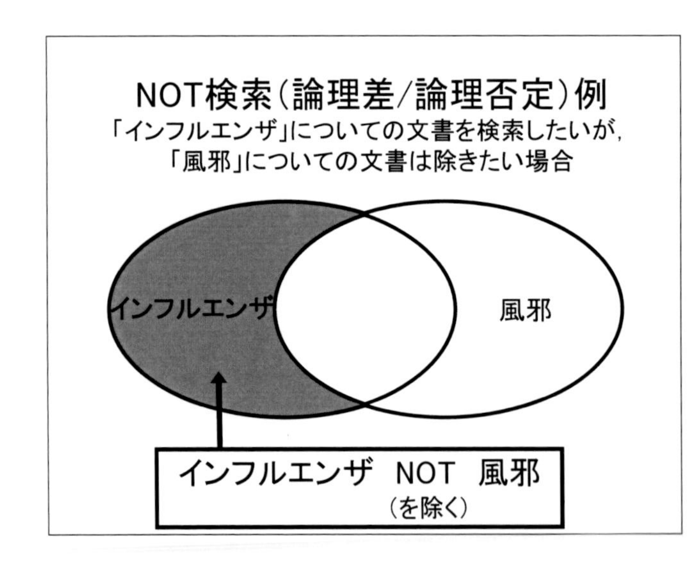
NOT検索（論理差/論理否定）例
「インフルエンザ」についての文書を検索したいが，
「風邪」についての文書は除きたい場合
インフルエンザ
風邪
インフルエンザ　NOT　風邪
（を除く）

論理演算子の優先順位

- 丸括弧でくくられた箇所が最も優先的に処理される
- 論理差，論理積，論理和の順に優先順位が高い

高
↑ 丸括弧 「()」内の演算
|
| NOT（論理差）
|
| AND（論理積）
|
↓ OR（論理和）
低

検索の実行：一致検索

- 完全一致検索
  - 検索語と完全に一致する索引語を含む文書を検索する
- 部分一致検索
  - 検索語と部分的に一致する索引語を含む文書を検索する（部分的な省略を許す）
  - 前方一致，後方一致，中間一致，中間任意がある

完全一致検索

- “ ”や / で検索語をくくる
- データベースに応じて指定方法が異なる

Google "完全一致検索"

ウェブ 画像 動画 ニュース ショッピング もっと見る 検索ツール

CiNii

図書・雑誌検索 著者検索 内容検索

/完全一致検索/ 検索

すべての資料 図書 雑誌 詳細検索

部分一致検索

- 前方一致：索引語の先頭を指定した検索
  （検索語の例）「librar?」
- 後方一致：索引語の末尾を指定した検索
  （検索語の例）「?主義」
- 中間一致：索引語の中間部を指定した検索
  （検索語の例）「?ナトリウム?」
- 中間任意：索引語の先頭と末尾を指定した検索
  （検索語の例）「wom?n」

＊「?」は任意の文字（ワイルドカード）

前方一致（検索）の意義

英単語の語尾変化，単数形と複数形の違い，関連語などをまとめて処理可能

例1）「librar?」で前方一致する語
・library ・libraries ・librarianship
例2）「阿部寛?」で前方一致する語
・阿部寛 ・阿部寛浩 ・阿部寛之
例3）「大学?」で前方一致する語
・大学教授 ・大学祭 ・大学図書館

ワイルドカード

- 任意の文字／文字列を指定する記号
- 任意の1文字を指定する場合（例：“？”）
  “第？回”→第1回，第2回，第一回…などが検索
  “第？？回”→第11回，第12回，第十一回…などが検索
- 任意の文字列を指定する場合（例：“＊”）
  “第＊回”→第1回，第111回，第百十一回…などが検索
- ワイルドカードとしてどの文字を指定するかは，検索システムごとに異なる

例題1

- 以下の中から,「学校」という検索語で前方一致, 後方一致, 中間一致する語をそれぞれ選択しなさい。

学校教育, 専門学校, 宝塚音楽学校,
全国学校図書館協議会

例題1:解答例

- 前方一致:学校教育
- 後方一致:専門学校, 宝塚音楽学校
- 中間一致:全国学校図書館協議会

ウェブ検索では

- 多くの検索エンジンでは, 特に指定しなければ部分一致検索を行う
- 複数の検索語を入力した場合には, 独自のルールで論理演算を行う
- 論理演算の機能を指定することも可能(詳細は第14章)

検索結果の評価

- 情報ニーズを解消する文献を適合文献，そうでない文献を不適合文献という
- 検索結果に適合文献がどの程度含まれるか，適合文献がどの程度検索結果に含まれているか，が定量的な評価基準となる
- 検索結果に含まれる不適合文献を「検索ノイズ」，検索されなかった適合文献を「検索漏れ」という

検索ノイズと検索漏れ

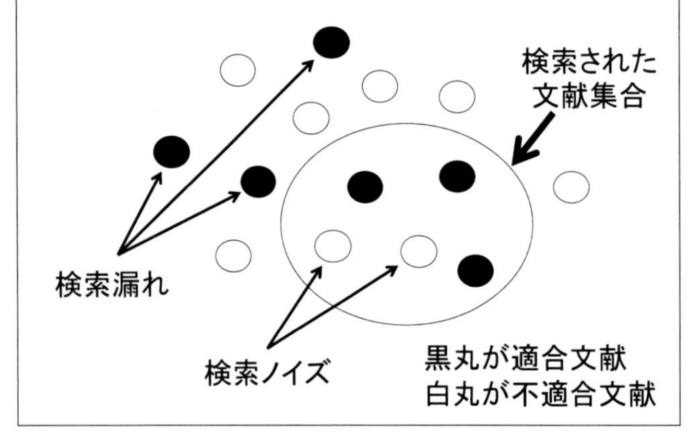

再検索

- 十分な検索結果が得られなかった場合，必要な段階に戻って検索をやり直す
  - 情報ニーズの再把握
  - 検索戦略の見直し
  - データベースの再選択
  - 検索システムの機能利用（一致検索，検索フィールドの詳細指定など）
  - 検索式の変更（検索語の追加，論理演算子の変更）

例題2

「ソフトバンクが提供するスマートフォンでの高速通信」について，なるべく網羅的に情報を得るにはどのような検索式をつくればよいか。以下の手順で考えなさい。

1. 使用できそうな検索語を列挙する
2. 論理演算子で検索語を組み合わせる

＊ 論理積はAND，論理和はORを使うこと

例題2：解答例

- 使用できそうな検索語
  ソフトバンク Softbank スマートフォン スマホ
  高機能携帯電話 高速通信
- 検索語の組み合わせ方
  （“ソフトバンク” OR Softbank）AND（“スマートフォン” OR スマホ OR “高機能携帯電話”）AND “高速通信”

第5章
言葉や事柄を調べる

大学では，レポートを課される講義や演習が多数開講されています。レポートを書くには，あるテーマについて調べた情報を体系的にまとめていく必要があります。

その最初のステップは，指定されたテーマに関する基本的な情報を得ることです。そのためには，言葉の意味や用法などを調べることができる国語辞典や，全分野の情報を総合的にまとめた百科事典が便利です。

本章では，オンラインで利用できる国語辞典と百科事典を中心に紹介します。

辞典と事典

- 辞典:「言葉」について解説したもの
  - 言葉の意味，読み，語源などを調べるときに使う
  - 国語辞典，漢和辞典など多くの種類がある
- 事典:「事柄」について解説したもの
  - 事物，事象，事件などを調べるときに使う
  - 百科事典と専門事典に大別される
- 両者の境界はそれほど明確でない
  → 書名が「辞典」でも内容が「事典」の場合もある

辞典の種類

- 国語辞典
  - 『日本国語大辞典』
  - 『広辞苑』
  - 『大辞林』
  - 『新明解国語辞典』
  - 『明鏡国語辞典』

  etc.
- 漢和辞典
- 対訳辞典
- 古語辞典
- 新語辞典
- 類語辞典
- 外国語辞典
- 方言辞典
- 俗語辞典
- 死語辞典
- 難読辞典

『日本国語大辞典』第二版

- 日本で最大の国語辞典
  - 総項目数50万，用例数100万を収録
- ことばに関するさまざまな視点で編纂：ことばの成り立ち，意味や用法の変遷，ことばの歴史，方言，語源説，平安時代～明治中期までの辞書の掲載情報など
- JapanKnowledge（JK）で全13巻のデジタル版を利用可能

日本国語大辞典：JKでの検索画面

検索対象をプルダウンで選択

項目種別，品詞，ジャンル，図版の有無で絞り込む

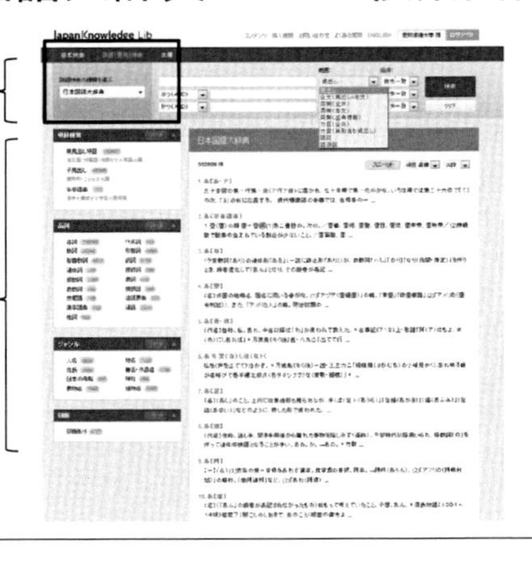

日本国語大辞典：JKでの詳細画面

見出し
解説
用例
品詞
語誌
方言
発音
表記
etc.

前後の項目

目次

資料

goo!辞書

- 国語辞典，英和・和英辞典，日中・中日辞典，類語辞典などを収録するオンラインデータベース

（収録辞典の例）

『デジタル大辞泉』
『使い方のわかる 類語例解辞典』
『プログレッシブ英和中辞典』
『全国方言辞典』

事典の種類

- 百科事典
  - 全分野の事柄を収録している事典
  - 多巻の場合も多く，完成まで時間がかかる

- 専門事典
  - 特定の分野や領域を詳しく解説した事典
  - 歴史事典，事物起原・年中行事事典，地名事典，法令事典，人名事典
  - 学問分野ごとに作成される

『日本大百科全書』(ニッポニカ)

- 見出し項目約14万，索引語約50万語を収録した百科事典
- JapanKnowledge(JK)上で全25巻のデジタル版を利用することが出来る
  - JK上では月1回の更新，図版などが追加
- コトバンクにも収録されている

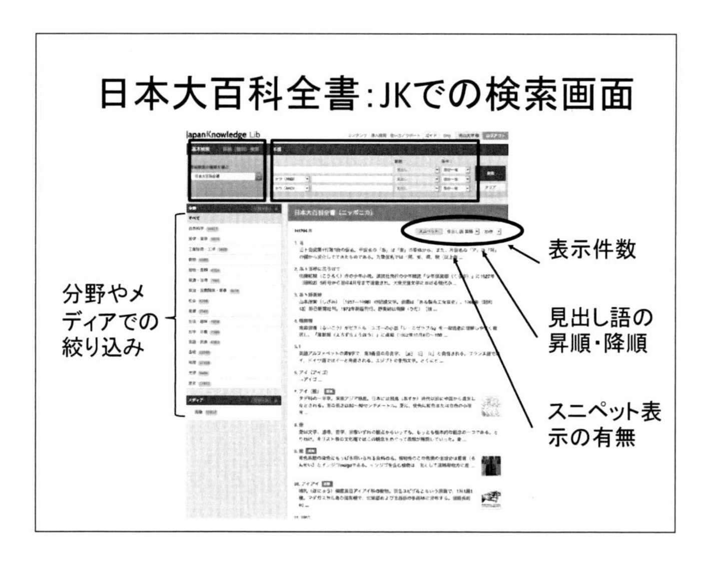
日本大百科全書:JKでの検索画面
JapanKnowledge Lib
表示件数
分野やメディアでの絞り込み
見出し語の昇順・降順
スニペット表示の有無

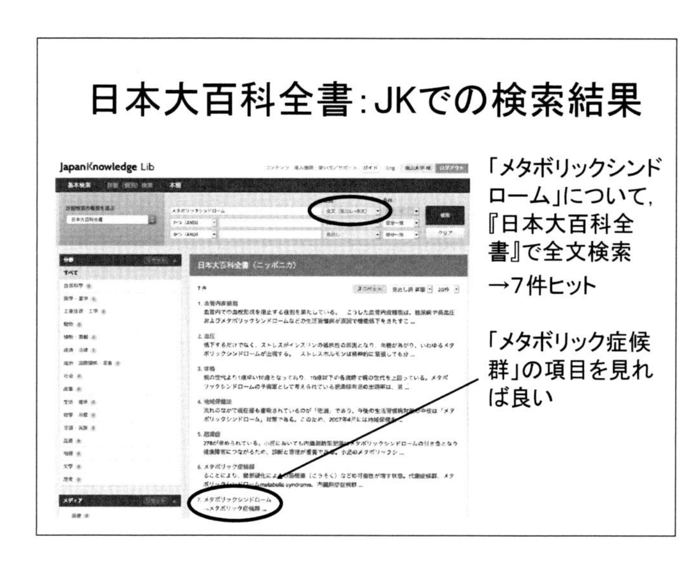
日本大百科全書:JKでの検索結果
JapanKnowledge Lib
「メタボリックシンドローム」について,『日本大百科全書』で全文検索
→7件ヒット
「メタボリック症候群」の項目を見れば良い

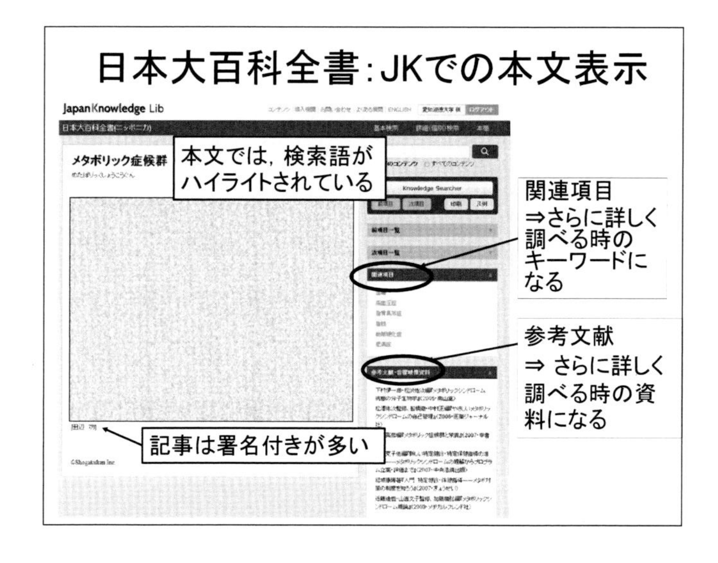
日本大百科全書:JKでの本文表示
JapanKnowledge Lib
メタボリック症候群
本文では，検索語がハイライトされている
関連項目
⇒さらに詳しく調べる時のキーワードになる
参考文献
⇒ さらに詳しく調べる時の資料になる
記事は署名付きが多い

Wikipedia（日本語）

- ボランティアにより共同制作され，誰でも自由に執筆，修正できるオンラインの百科事典
- 現在は非営利団体であるウィキメディア財団により運営されている
- 世界の各言語で展開されている
- 専門家による校正が行われないため，正確性が課題

JapanKnowledge

- 『日本大百科全書』ほか複数の百科事典を収録する有料のオンラインデータベース
  - ニッポニカ・プラス：ニッポニカの補遺版，時事用語の詳細な解説あり
  - Encyclopedia of Japan：日本について英語で書かれた百科事典
- 百科事典以外に専門事典や国語辞典など50以上の辞典・事典を横断検索できる

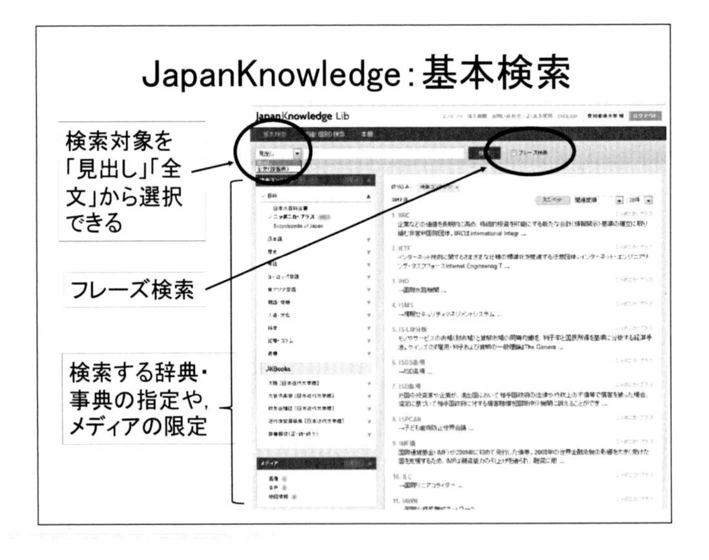

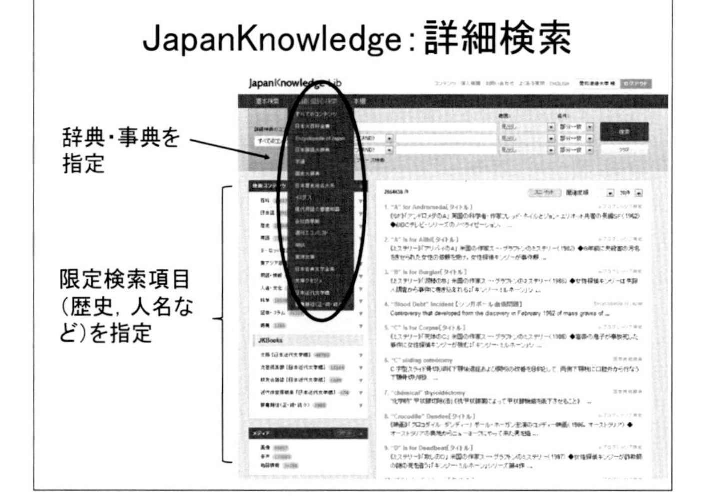

コトバンク

- 朝日新聞，講談社，小学館などの100以上の辞典・事典を横断検索できる無料のオンラインデータベース

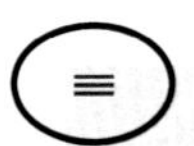

メニューから「辞書全一覧」を確認

コトバンク

朝日新聞、朝日新聞出版、講談社、小学館などの辞書から、用語を一度に検索できるサービスです。

検索

検索語の工夫

- まずは思いついた語で検索して，検索結果から適切なキーワードを探す
- 最近の言葉（新語）や，既にある語を組み合わせた語（造語）はデータベースに索引語として登録されていない場合があるため，同義語・類義語を探す

例題の前に……

- 本日紹介したデータベースについて，基本的な検索機能を確認しましょう
  - ✓ 論理演算
  - ✓ 一致検索（部分一致・完全一致）
  - ✓ 二次検索
- 各機能が用意されているか，どのように表記しているかをメモしておきましょう

例題

「ゲームの教育への応用」というテーマについて百科事典で調べた上で，より詳細化したテーマを考えなさい。(1)から(4)の手順に沿って進めること。

1) テーマからキーワードを抜き出し，JapanKnowledgeの「日本大百科全書」を対象に検索する
2) 検索された記事を読み，テーマを詳細化できそうなキーワードを探す
3) 探したキーワードを検索語に追加して再度検索する
4) 2～3を何回か繰り返し，詳細化したテーマを設定する

例題：解答例

1. 『日本大百科全書』の全文を対象に「ゲーム」「教育」を検索語として検索する
2. 「経営教育」の記事で，経営者や管理者の能力開発を目的としたビジネス・ゲームがあることを知る。
3. 「ゲーム」「教育」に「ビジネス」を検索語に加えて再度検索すると，「ビジネス・ゲーム」や「シミュレーション」の項目を見つける
4. 当該記事を読んだ上で，「企業の管理者教育としてのビジネス・ゲームの効果」といったテーマが考えられる

第6章
図書を調べる

本章では，あるテーマに関してこれまで出版された図書，あるいは現在販売されている図書を調べる方法を紹介します。

まず，図書を調べる時の手がかりとなる書誌情報について説明します。書誌情報とは著者，タイトル，出版者，出版年などで，殆どのデータベースでは書誌情報が検索項目に設定されています。

次に，国立国会図書館の「NDL ONLINE」と，日本出版インフラセンターの「出版書誌データベース」という2つのデータベースの使い方を紹介します。これらのうち，NDL ONLINEは国内の出版物を網羅的に収録した全国書誌に基づいており，日本で最大規模の書誌データベースとなっています。

書誌情報

1. タイトルと責任表示
   - タイトル，サブタイトルなどに関する情報
   - 著者名や編者名など，知的，芸術的責任を持つ個人または団体
2. 版に関する情報
   - 改訂版や縮刷版など，内容の新しさや特別な出版形態に関する情報
3. 資料の特性に関する情報
   - 楽譜，録音資料，映像資料など資料種別に関する情報

書誌情報（続き）

4. 出版・頒布に関する情報
   - 出版（発行）地，出版（発行）者，出版（発行） 年など
5. 形態に関する情報
   - 大きさ，ページ数
6. シリーズに関する情報
   - シリーズ・タイトル（叢書名），シリーズ番号
7. 注記
   - 1から6では記載できなかった情報，目次や参考文献の有無など

書誌情報(続き)

8. 標準番号
   – 図書の場合はISBN(国際標準図書番号)

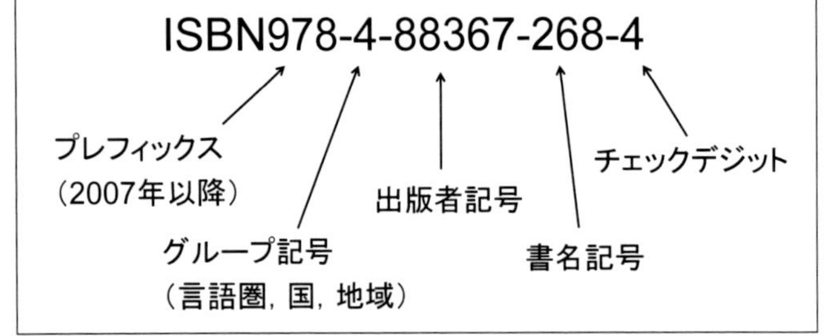

書誌

- 図書, 論文, 記事などの特徴を書誌情報として表現し, それらを探索しやすいように配列したリスト
- 文献リスト, 文献目録ともいう
- 全国書誌, 販売書誌, 選択書誌, 主題書誌, 人物書誌, 書誌の書誌などがある

全国書誌

- 一国で刊行されたすべての出版物を網羅的・包括的に収録した書誌
- その国の代表的な中央図書館や書誌作成機関が作成する場合が多い
- 日本では国立国会図書館法の規定により, 国内発行の出版物および外国で刊行された日本語出版物の書誌情報を収録している

納本制度

- 出版者に対して，法律により国立図書館への出版物の納入を義務付ける制度
- 日本では国立国会図書館法により，出版後1ヶ月以内に納入される
- 納本された資料は国政審議に役立てるほか，全国書誌提供サービス，国際交換，国民共有の財産としての保存・提供に使われる

NDL ONLINE

- 国立国会図書館の所蔵資料及び国立国会図書館で利用可能なデジタルコンテンツを検索し，各種の申し込みができるサービス
- 図書だけでなく，雑誌，新聞など納本制度に基づいて収集された740万件の所蔵資料の書誌情報を検索できる

NDL ONLINEの収録範囲

- 納本された出版物であれば，全国のどの公共（大学）図書館にも所蔵されていなくても，NDL ONLINEで検索できる可能性がある
- OPAC（第7章），CiNii Booksとカーリル（第8章）で検索してもヒットしない場合には，NDL ONLINEを検討する
- 納本されていない資料はNDL ONLINEでも検索できない

NDL ONLINE：詳細検索

図書に限定する場合はメニューから「図書」を選択

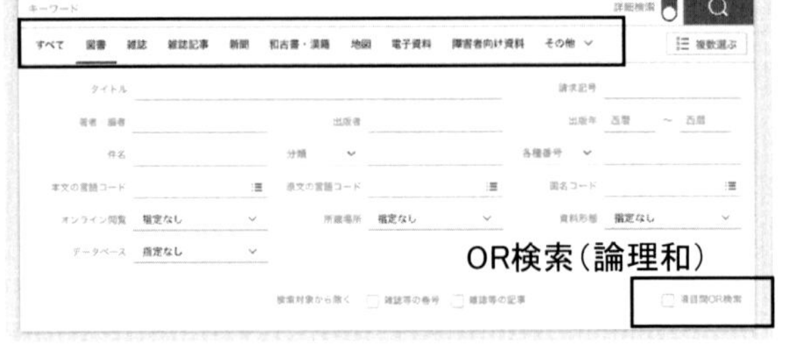

NDL ONLINE：詳細検索（続き）

「和古書・漢籍」を選択

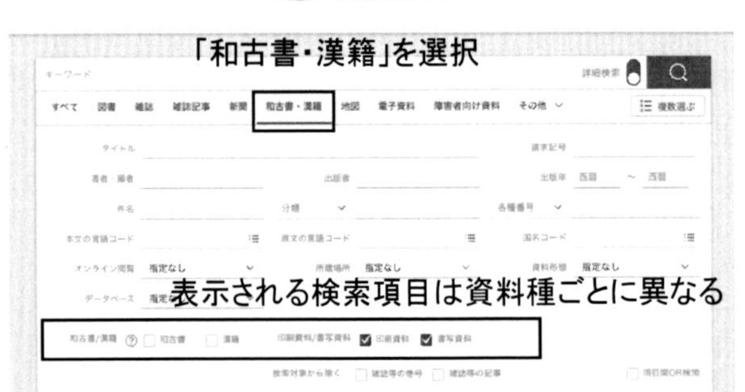

NDL ONLINE：検索結果
（タイトルに「探究学習　図書館」と指定した場合）

検索結果 8 件中 1-8 件を表示

書誌情報の一部

すべて選択　マイリストに保存　実行　20件ずつ表示　適合度順　表示

探究学習と図書館：調べる学習コンクールがもたらす効果
図書 根本彰 編著. 学文社, 2012.3 <FC52-J539>　東京　子ども

所蔵館

シカゴ・ボストン・ニューヨークに見る探究学習を支える学校図書館
図書 全国学校図書館協議会北米学校図書館研究視察団 編. 全国学校図書館協議会, 2009.7 <UL391-J1>　東京　関西　子ども

学校図書館の挑戦と可能性（困ったときには図書館へ；2）
図書 神代浩, 中山美由紀 編著. 悠光堂, 2015.11 <UL374-L61>　東京　子ども
なぜ「学校図書館」なのか？ 学校図書館は何処あるのか？ 学校図書館の館長は誰なのか？ 学校

思考を深める探究学習：アクティブ・ラーニングの視点で活用する学校図書館
図書 桑田てるみ 著. 全国学校図書館協議会, 2016.10 <FC52-L552>　東京　関西　子ども

NDL ONLINE：検索結果（続き）
（タイトルに「探究学習　図書館」と指定した場合）

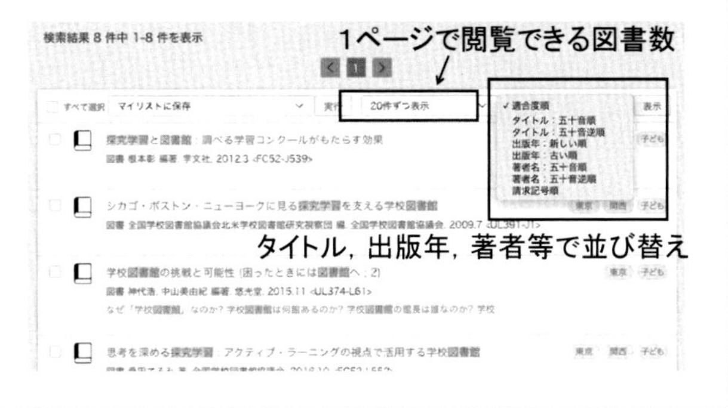

NDL ONLINE：書誌情報

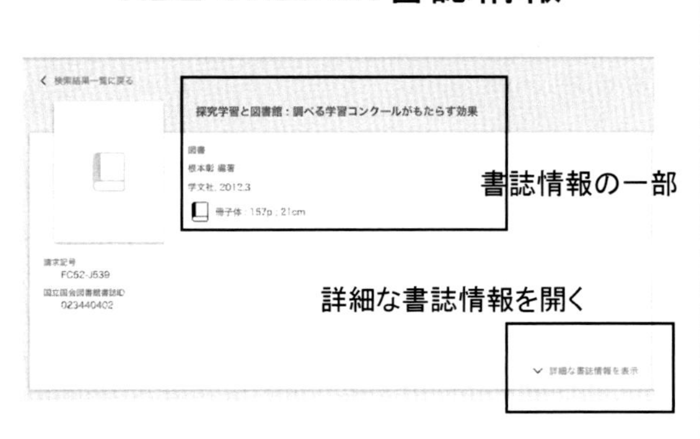

NDL ONLINE：詳細な書誌情報

請求記号，
言語，
出版地，
ISBN など

タイトル，
著者，
出版社・出版地，
出版年月日，
大きさ・容量，
注記，
価格，
件名，
分類記号，
資料形態 など

NDL ONLINE：その他の機能

URLの取得，他のデータベースで探す，書誌情報をダウンロード

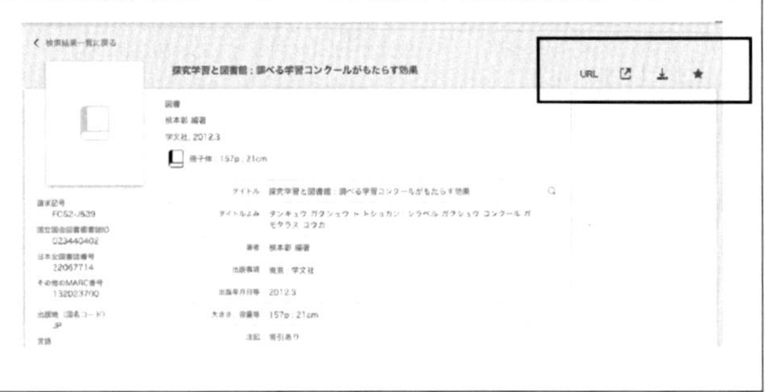

出版書誌データベース

- 国内の各出版社から出版された書籍（電子書籍を含む）を検索できるデータベース
  - 一般社団法人日本出版インフラセンター（JPO）が運営
- 「Books」というウェブサイトから検索できる
- 書誌情報のほかに表紙画像，内容紹介，著者略歴なども閲覧可能

出版書誌データベース：簡易検索

出版社をさがすことも可能

出版書誌データベース：詳細検索

書名・副題，シリーズ名・レーベル名，著者名，出版社名，発行年月，ISBNで検索可能

出版書誌データベース：検索結果

（書名・副題に「富士山　噴火」と指定した場合）

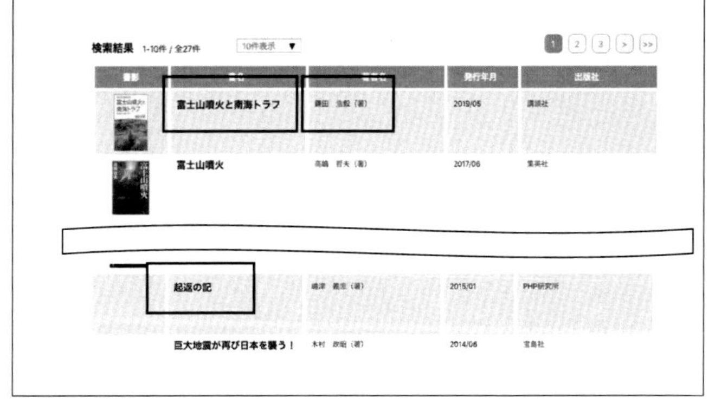

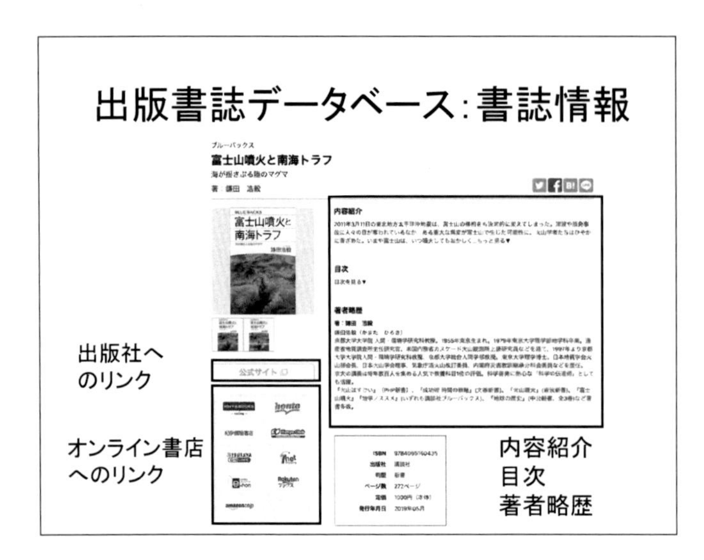

出版書誌データベース：同一著者の著作

本をさがす　キーワードを入力　検索
詳しくさがす

検索結果　1-10件 / 全61件　10件表示　1 2 3 4 5 > >>

書影	書名	著者名	発行年月	出版社
	やりなおし高校地学	鎌田 浩毅（著）	2019/09	筑摩書房
	重ね地図でわかる！　日本列島のしくみ見るだけノート	鎌田 浩毅（監）	2019/07	宝島社
	富士山噴火と南海トラフ	鎌田 浩毅（著）	2019/05	講談社
	読まずにすませる読書術	鎌田 浩毅（著）	2019/03	SBクリエイティブ
	野田秀樹×鎌田浩毅　劇空間	野田 秀樹（著）	2018/11	ミネルヴァ書房

信頼できる図書を選ぶポイント

1. 最新の学術成果を踏まえているか
2. 著者がその主題の専門家かどうか
3. 引用や参照の出典が明記されているか
4. 対立する意見や実証的なデータ，客観的な資料が示されているか
5. 参考文献，文献案内等が示されているか

例題の前に……

- 本日紹介したデータベースについて，基本的な検索機能を確認しましょう
  - ✓ 論理演算
  - ✓ 一致検索（部分一致・完全一致）
  - ✓ 二次検索
- 各機能が用意されているか，どのように表記しているかをメモしておきましょう

例題1

永井荷風『ふらんす物語』について，出版年が最も新しい図書を以下の手順で探し，基本的な書誌情報をまとめなさい。

1）NDL ONLINEにアクセス
2）キーワードに「永井荷風　ふらんす物語」と入力
3）検索結果を適切な方法で並び替え
4）全文が掲載されているものを選択
5）著者，タイトル，出版社，出版年を記述

例題1：解答例

1) NDL ONLINEにアクセス
2) 簡易検索画面のキーワードに「永井荷風　ふらんす物語」と入力して検索
3) 検索結果を「出版年：新しい順」にして並び替え
4) 表2008.7刊行の「永井荷風：1879-1959」（ちくま日本文は『ふらんす物語』からの抜粋のため除外
5) 以下の図書を見つける

永井荷風．ふらんす物語．新潮社，2003，326p.

例題2

「ゲームの教育への応用」に関する図書で，企業内教育の内容を含み，2000年以降に出版されたものを以下の手順で探し，基本的な書誌情報をまとめなさい。

1）Booksにアクセス

2）キーワードに「ゲーム　教育」と入力

3）出版年を2000年以降に設定

4）企業研修に関するものを選択

5）著者，タイトル，出版社，出版年を記載

例題2：解答例

1）Booksにアクセスし，「詳しくさがす」をクリック

2）検索語に「ゲーム　教育」と入力し，出版年を2000年以降に設定して検索

3）検索結果の中から，以下を見つける

田中久夫．新選教育研修ゲーム．経団連出版，2003，208p.

第7章
単館の所蔵を調べる

第６章では，国内で刊行されている図書の探し方について学びました。実際に資料を利用しようと思う場合には，どこでそれを入手できるかを確認することが必要になります。街の本屋さんに行けば新刊書は並んでいますし，古書店に行けば古本を探すことができますが，それぞれ制約があります。

そこで役に立つのが身近な図書館です。図書館では，体系的なコレクション構成をしており，絶版になった資料や書店へ流通しない資料なども網羅的に検索，利用することができます。

本章では，主に図書資料を対象として図書館蔵書検索システムOPACの特徴を理解しましょう。資料の利用では所蔵情報の確認が大事であることも学びましょう。

目録

- 蔵書目録
  - 図書館等が所蔵する情報資源について，その書誌情報を排列して編成した目録

    例：国立国会図書館蔵書目録　NDL ONLINE
    　　愛知淑徳大学図書館蔵書目録
    　　帝京大学図書館蔵書目録　　など

目録（続き）

- NDL ONLINE
  - 図書だけでなく，雑誌，新聞など納本制度に基づいて収集された740万件の書誌情報やNDLで利用可能なデジタルコンテンツを検索できる

（画面下方略）

目録(続き)

- 総合目録
  - “複数の図書館あるいはコレクションに収蔵されている資料の書誌データを，一つの体系のもとに編成，排列し，所在を示した目録”
  - 館種や主題，資料の種類などによって編纂

  例：国立情報学研究所 CiNii Books

  OCLC　WorldCat

OPAC

- Online Public Access Catalog(ue)
  オンライン閲覧目録
- 利用者が直接図書館の蔵書を対象として検索するシステム
  - 論文記事索引などとは異なる
- ウェブ上で提供されている(場合が多い)
- 資料の検索とともに，その所蔵状況がわかる
- その他の図書館サービスと連動

OPACで表示される情報

書誌情報

レイ・カーツワイル
ポスト・ヒューマン誕生
コンピュータが人類の知性を超えるとき
進化は加速している——
「生物の限界を超え
2045年,人類はついに
特異点に到達する」

タイトル	：ポスト・ヒューマン誕生：コンピュータが人類の知性を超えるとき
タイトルヨミ	：ポスト ヒューマン タンジョウ：コンピュータ ガ ジンルイ ノ チセイ オ コエル トキ
責任表示	：レイ・カーツワイル著；小野木明恵，野中香方子，福田実共訳
出版	：東京：日本放送出版協会，2007.1
形態	：596，65p：挿図；20cm
別書名	：The singularity is near : when humans transcend biology ポストヒューマン誕生：コンピュータが人類の知性を超えるとき
注記	：監訳：井上健
出版国	：日本
標題言語	：日本語 (jpn)
本文言語	：日本語 (jpn)
原作言語	：英語 (eng)
関連人名・団体名	：Kurzweil, Ray 井上，健(1948-) (イノウエ，ケン) 小野木，明恵 (オノキ，アキエ) 野中，香方子 (ノナカ，キョウコ) 福田，実(1943-) (フクダ，ミノル)
分類	：NDC8:007.1 NDC9:007.13
件名	：人工知能 未来論
ISBN	：9784140811672
NCID	：BA80581779
番号	：TRC:07003467

所蔵情報

所蔵：

	巻号	所在	請求記号	資料タイプ	貸出区分	状況(返却予定日)	予約人数	資料ID
		書庫A／長	00713 KU79-1				0	10218543

OPACで表示される所蔵情報

- 表示されている資料の所在状況が確認できる
  - どこに排架されているか
  - 貸出可能か

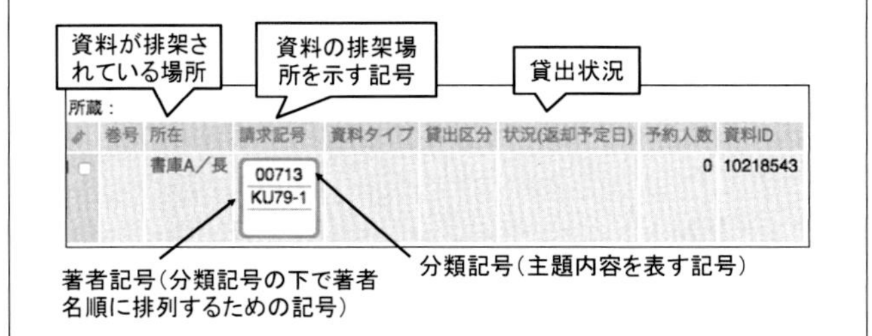

OPACで表示される書誌情報

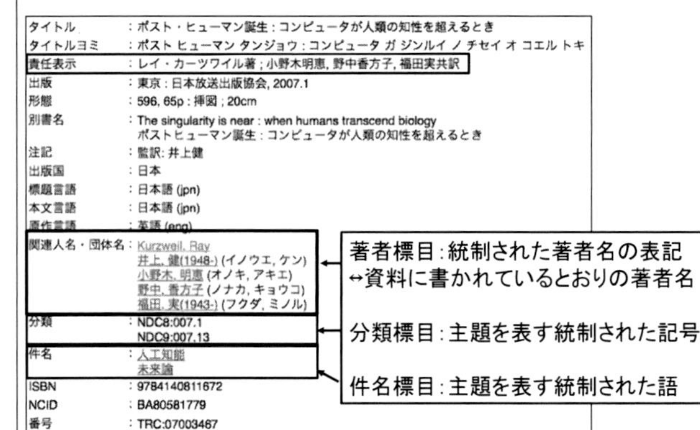

タイトル	：ポスト・ヒューマン誕生：コンピュータが人類の知性を超えるとき
タイトルヨミ	：ポスト ヒューマン タンジョウ：コンピュータ ガ ジンルイ ノ チセイ オ コエル トキ
責任表示	：レイ・カーツワイル著；小野木明恵，野中香方子，福田実共訳
出版	：東京：日本放送出版協会，2007.1
形態	：596, 65p：挿図；20cm
別書名	：The singularity is near : when humans transcend biology ポストヒューマン誕生：コンピュータが人類の知性を超えるとき
注記	：監訳：井上健
出版国	：日本
標題言語	：日本語 (jpn)
本文言語	：日本語 (jpn)
原作言語	：英語 (eng)
関連人名・団体名	：Kurzweil, Ray 井上, 健(1948-) (イノウエ, ケン) 小野木, 明恵 (オノキ, アキエ) 野中, 香方子 (ノナカ, キョウコ) 福田, 実(1943-) (フクダ, ミノル)
分類	：NDC8:007.1 NDC9:007.13
件名	：人工知能 未来論
ISBN	：9784140811672
NCID	：BA80581779
番号	：TRC:07003467

OPAC検索対象項目

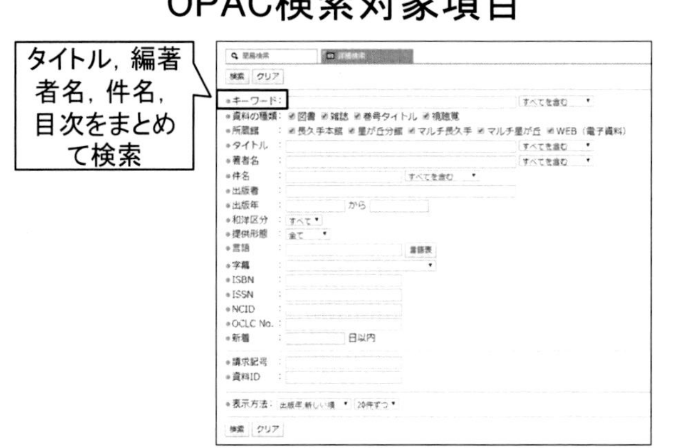

検索語の工夫

- 検索索引の対象は書誌情報
- 書誌情報
  - 標題紙・奥付の情報の書き写し
  - 資料の内容（目次や本文）はほとんど含まれない
- 主題
  - 標目（分類記号，主題件名）で表現される
- 統制語の利用
  - 利用者の語彙との不一致
    → ・手がかりとなる書誌情報を見つけ，そこに出てくる標目を使う
    ・典拠レコード，分類記号表や件名標目表を使って，探していることがらを表す標目をあらかじめ調べる

既知文献探索

- 「タイトルや著者などの書誌的事項に関する情報がすでにわかっている特定の文献を探索すること」
- 書誌情報のデータを手がかりとする
  - タイトル，著者，出版者，出版年など

既知文献探索のための標目

- 著者標目
  - 複数の表記の可能性がある：幼名，ペンネーム，新姓
  - 外国人名：カナ表記，原綴り
  - 変遷の可能性のある団体名
- タイトル標目
  - 無著者名古典作品，聖典
  - ニックネームなどで知られている音楽作品

例題1

本章の例としてあげられていた『ポスト・ヒューマン誕生』を読んでみたい。あなたが日頃通っている図書館で借りることができるだろうか。
まず使用するOPACの検索機能（利用可能な論理演算，一致検索の指定，索引語の入力方法，二次検索方法等）を確認し，下記（1）〜（2）に沿ってまとめなさい。

（1）検索項目，検索語，検索語の組み合わせの詳細
（2）請求記号，利用の可否

例題1：解答例

（1）使用したデータベース
所蔵情報の確認が必要なので，自館OPACを使用。
検索項目：書名もしくはキーワード
検索語：“ポスト”“ヒューマン”“誕生”と入力
もしくは完全一致検索で書名を正確に入力
検索語の組み合わせ：複数入力した場合は，and検索
（2）所蔵情報で，請求記号と貸出可能かどうかを確認

既知文献探索：逐次刊行物の場合

- 逐次刊行物（雑誌や新聞など）
  - 同じタイトルの下で継続的に発行されている刊行物
  - 各号で異なる内容（記事のタイトル，著者，トピック）が掲載される
- 目録（OPAC）では，どの逐次刊行物のどの号が所蔵されているかを確認できる
  - ある刊行物の特定の号に掲載されている記事を検索できるわけではない

例題2

ゼミの先生から,「司書教諭と学校司書の連携の在り方」(平久江祐司著. 学校図書館 (766号, p.41-44, 2014-08))という雑誌記事を読んでおくように指示された。その際に, 図書館のOPACで見つければよいと言われた。どのようにして調べれば, その記事が読めるだろうか。下記にしたがって, 手順をまとめなさい。OPACは日頃利用しているものを使うこと。

(1)検索を始めるにあたり, 気をつけること

(2)検索の手がかりとなるキーワード

(3)検索式とその結果

例題2:解答例

(1)検索を始めるにあたり, 気をつけること

OPACでは論文記事タイトルでの検索はできないので, 当該論文が掲載されている雑誌名で検索すること。

検索結果では, 所蔵情報で読みたい号が所蔵されているかどうかを確認する。

(2)検索の手がかりとなるキーワード

雑誌名「学校図書館」

(3)検索式とその結果

書名:学校図書館;資料種別を雑誌に限定

主題検索

- 「主題を手がかりとする情報検索」
- 資料の主題
  - その資料の内容を把握するための主題分析に基づいて, 適切な記号(分類表目)や語(件名標目)を付与
  - 著者名やタイトルのように一意的に定まらない
  - 新しいトピックなどに対応した標目がない場合がある
- 思いついた語で検索し, 検索結果から手がかりとなる書誌情報を見つけ, そこに出てくる分類記号や件名標目を使う

主題検索のための標目

- 分類標目
  - 資料の主題または形式を表す分類記号を標目としたもの
  - 分類表(例『日本十進分類法』NDC,『国立国会図書館分類表』NDLC)から選ばれる
- 件名標目
  - 資料の主題を表す統制語
  - 件名標目表(例『基本件名標目表』BSH,『国立国会図書館件名標目表』NDLSH)から選ばれる

例題3

例題1であげられている資料を手がかりにして,あなたが日頃通っている図書館のOPACを使い,類似のテーマの図書を探しなさい。
例題1と同様に,まず使用するOPACの検索機能(利用可能な論理演算,一致検索の指定,索引語の入力方法,二次検索方法等)を確認したら,下記に沿ってまとめなさい。

(1) 検索の手がかりとなるキーワード
(2) 検索式(検索項目,検索語の組み合わせの詳細),検索結果数
(3) 検索結果から2冊選び,その書誌情報と請求記号,利用の可否を記載

例題3:解答例

(1) 検索の手がかりとなるキーワード
例題1の検索結果の詳細表示で見つけた件名標目。
(2) 検索式(検索項目,検索語の組み合わせの詳細),検索結果数
件名:人工知能
(3) 検索結果から2冊選び,その書誌情報と請求記号,利用の可否
所蔵情報で,請求記号と貸出可能かどうかを確認。

機関が所蔵するデジタル資料

- 機関全体の情報公開の促進
- 機関リポジトリ
  - 大学などの学術機関とその構成員が創造したデジタル資料の管理や発信を行うために，大学がそのコミュニティの構成員に提供する一連のサービス
  - 大学，短期大学，高等専門学校，研究所，博物館などで構築
  - オープンアクセスの一つとしての位置づけ
- オープンアクセス（ブダペスト・オープンアクセス・イニシアティヴ）
  - “それらの文献が，公衆に開かれたインターネット上において無料で利用可能であり，閲覧，ダウンロード，コピー，配布，印刷，検索，論文フルテキストへのリンク，インデクシングのためのクローリング，ソフトウェアへデータとして取り込み，その他合法的目的のための利用が，インターネット自体へのアクセスと不可分の障壁以外の，財政的，法的また技術的障壁なしに，誰にでも許可されることを意味する”

機関が所蔵するデジタル資料
機関リポジトリ

- 図書館の蔵書にとどまらず，その機関内のさまざまな資料や情報がデジタル化されており，閲覧できる
- 愛称を持つものも多い（例：北海道大学HUSCUP）
- OPACと連携しているシステムもある

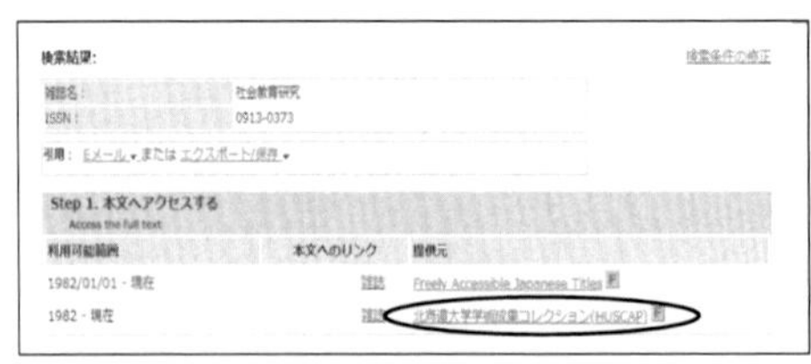

北海道大学附属図書館OPAC検索の結果に，『社会学研究』デジタル版のHUSCUPへのリンク表示あり

機関が所蔵するデジタル資料
デジタルアーカイブ

- 一般に“図書館や美術館・博物館，文書館などの所蔵資料や所蔵品のデジタルデータをデータベース化したもの”
- 出版・放映・インターネット上での公開等の目的で，著作権保護期間を満了した資料の画像を複製使用する場合の申請を不要とするデジタルアーカイブが増加
  - 条件は各アーカイブで異なる
- 国内の事例
  - 国立国会図書館デジタルコレクション
  - 青森県立図書館 デジタルアーカイブ
  - 京都大学貴重資料デジタルアーカイブ　など

例題4

日頃利用している図書館やその図書館が所属する機関で，どのようなデジタルアーカイブが提供されているのかを調べなさい。

機関リポジトリが含まれているかも確認すること。

例題4：解答例

機関リポジトリやデジタルアーカイブについて理解した上で，日頃利用している図書館のウェブサイトにアクセスし，これらに該当する情報資源が公開されているかを確認する。

例　南山大学図書館

トップページ右側コラムに「デジタルライブラリー」「機関リポジトリ」のタブがある。

「デジタルライブラリー」では，キリスト教関係資料，特殊コレクション，その他の特色ある資料のカテゴリーがあり，デジタル化資料が閲覧できるようになっている。「機関リポジトリ」では，紀要等，学術雑誌論文，報告書，学位論文，その他に分類されてリストが見られる。

第8章
複数館の所蔵を調べる

第７章で学んだ単一の図書館蔵書目録の利用は，身近な資料検索では欠かせません。しかし単館の蔵書では，国立国会図書館を除き，数量にも分野にも限界があります。

そこで本章では，図書館蔵書検索の続きとして，複数の図書館蔵書目録をひとまとめにして検索するツールについて紹介します。複数館の書誌情報が一つの体系にまとめられている目録（総合目録）の検索と，複数の蔵書目録の検索を一気に検索する方法（横断検索）があります。この違いについても理解しましょう。

複数館のOPAC検索

- 総合目録
  - （前章を参照のこと）
  - 国立情報学研究所　CiNii Books：大学図書館の本をさがす
- 横断検索
  - “複数のデータベースを対象として同一の検索を同時に実行すること”
    i.e. 検索対象の書誌情報は統一ではない
  - カーリル

CiNii Books：概要

- 全国学術図書館の総合目録
- 検索対象
  - 全国約1,200の大学図書館などが所蔵するデータ
- 目的の資料が全国のどこの図書館にあるか確認できる
  - 各館OPACへの直接リンク
  - 所蔵館情報は週1回更新
- 特定の地域や特定の図書館で絞り込みが可能
- 標目を利用した検索
  - 統一タイトル
  - 著者名の別名
- 「関連著者」情報等で再検索

CiNii Books：概要（続き）

- アジア地域の言語を意識した入力語支援
  - –ピンイン表記，アラビア文字などのアルファベット翻字表記も検索可
- ローマ字入力をカナに変換
- 「CiNii Articles：日本の論文を探す」（第9章で説明）などへのリンク
- 国立国会図書館サーチなど外部データベースにリンク
- ツイッターなどで情報共有
- 各種文献管理ツールに書誌情報を書き出し

CiNii Books：検索画面

CiNii Books

トップ画面

フリーワード
検索
すべての資料
図書
雑誌
閉じる
タイトル
タイトル完全一致
統一タイトルを含む
著者名
別名を含む
著者ID
統一タイトルID
出版者
ISBN
ISSN
NCID
件名
分類
注記
資料種別
すべての資料種別
言語種別
すべての言語
コード
出版年
から
まで
図書館ID
機関ID
地域
すべての地域
ローマ字をカナに変換

詳細検索画面

CiNii Books：検索結果一覧

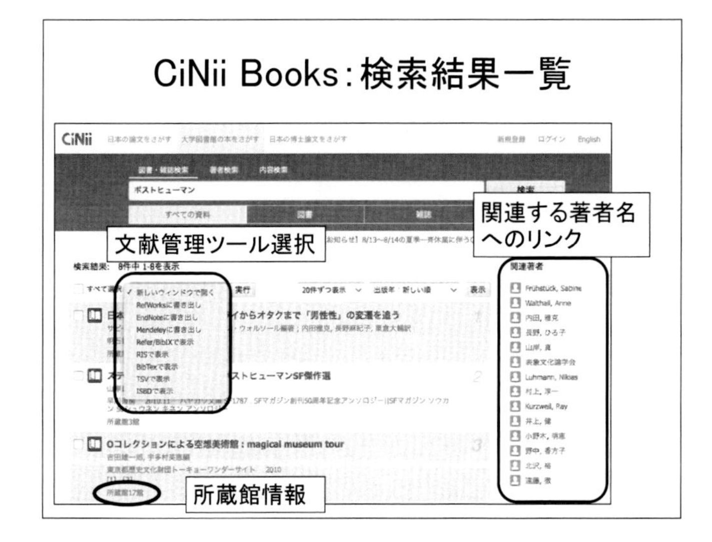

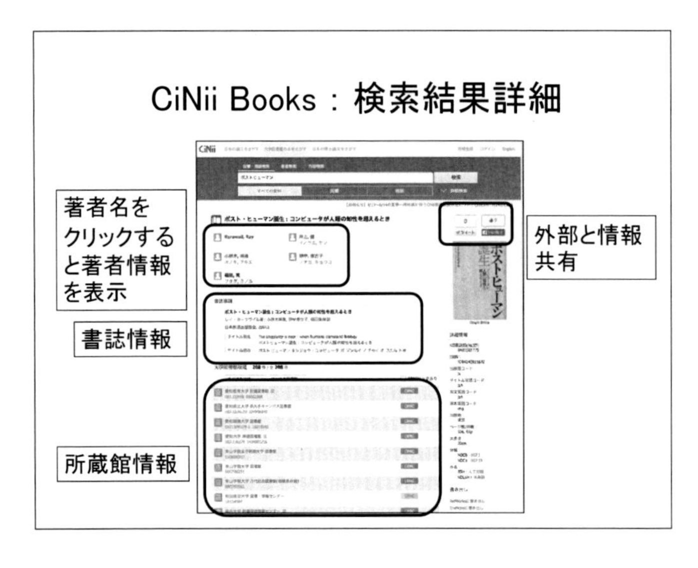
CiNii Books：検索結果詳細
著者名をクリックすると著者情報を表示
書誌情報
所蔵館情報
外部と情報共有

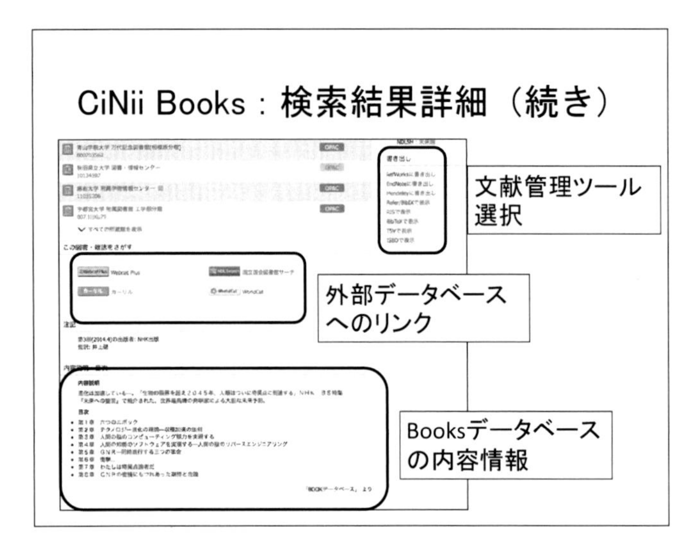
CiNii Books：検索結果詳細（続き）
文献管理ツール選択
外部データベースへのリンク
Booksデータベースの内容情報

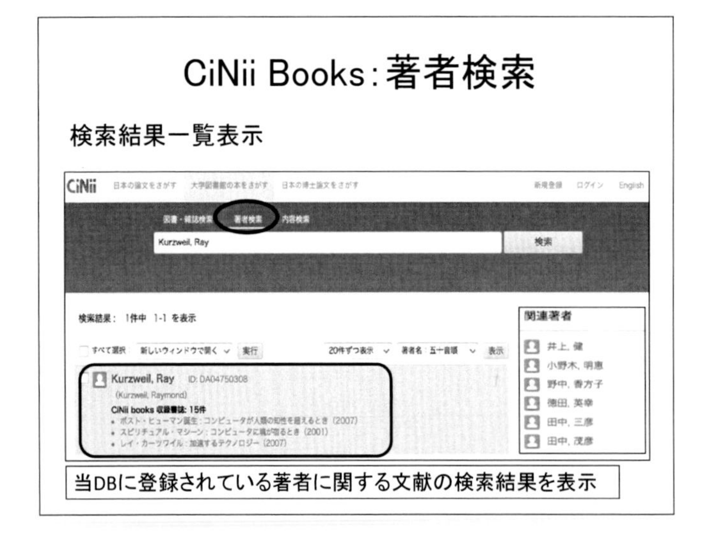
CiNii Books:著者検索
検索結果一覧表示
CiNii
日本の論文をさがす
大学図書館の本をさがす
日本の博士論文をさがす
新規登録
ログイン
English
図書・雑誌検索
著者検索
内容検索
Kurzweil, Ray
検索
検索結果： 1件中 1-1 を表示
すべて選択
新しいウィンドウで開く
実行
20件ずつ表示
著者名 五十音順
表示
Kurzweil, Ray
ID: DA04750308
(Kurzweil, Raymond)
CiNii books 収録書誌: 15件
ポスト・ヒューマン誕生：コンピュータが人類の知性を超えるとき (2007)
スピリチュアル・マシーン：コンピュータに魂が宿るとき (2001)
レイ・カーツワイル：加速するテクノロジー (2007)
関連著者
井上, 健
小野木, 明恵
野中, 香方子
徳田, 英幸
田中, 三彦
田中, 茂彦
当DBに登録されている著者に関する文献の検索結果を表示

CiNii Books：内容検索

検索結果一覧表示

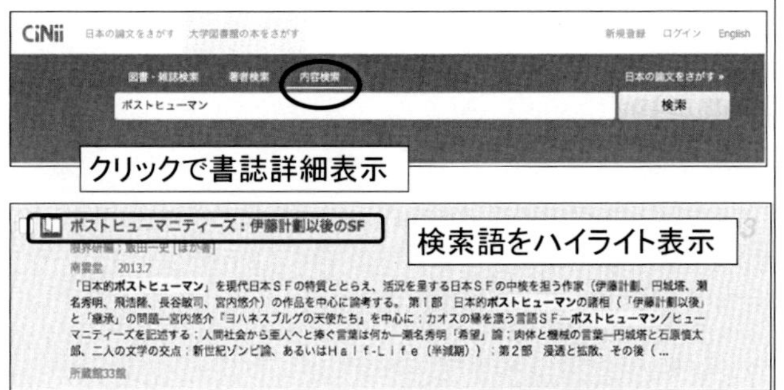

カーリル：概要

- 国内の公共図書館，大学図書館，専門図書館を含む7,000館以上のOPAC，Amazon等を横断検索
- 各図書館の貸出状況についての確認可能
- 検索対象図書館の選択・登録が可能
  - 登録館の変更も二次検索で可能
- さまざまなアプリケーション開発のためのAPIを提供
- 「カーリルローカル」
  - なるべく各都道府県の相互貸借ネットワークと一致した地域を対象とした横断検索

カーリル：概要（続き）

- 読みたい本のリスト作成
- 書評の投稿
- 本の紹介（「本のレシピ」）
- Amazonをもとに話題の本の紹介
- Googleトレンドをもとに話題のキーワードに基づく本の紹介
- 各種書評サイトや，蔵書検索サイトにリンク

カーリル：検索画面

検索したい（例：現在地に近い，など）図書館を選び，画面上部の検索窓に検索語を入力して，設定した図書館の所蔵状況を調べる

カーリル：検索結果画面

検索結果一覧では，各資料について，登録している図書館での所蔵状況がわかる

ボタンをクリックして，読みたいリストに追加が可能

カーリル：検索結果詳細

書影，書名，著者名の下に，登録した図書館の蔵書検索の結果を表示している

カーリル：検索結果詳細（続き）

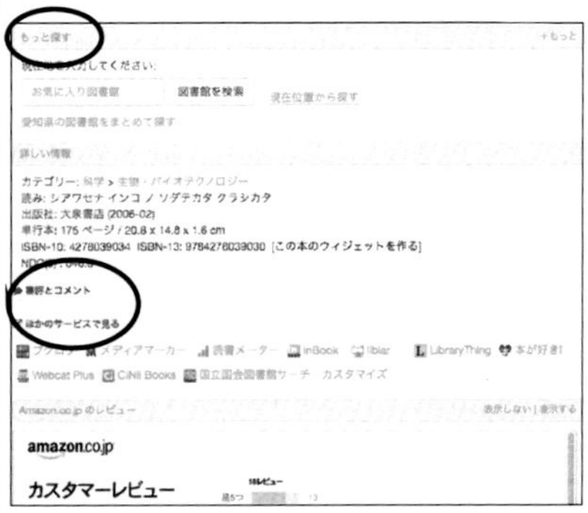

もっと探す

お気に入り図書館　図書館を検索　現在位置から探す

愛知県の図書館をまとめて探す

詳しい情報

カテゴリー：科学 > 生物・バイオテクノロジー
読み：シアワセナ インコ ノ ソダテカタ クラシカタ
出版社：大泉書店（2006-02）
単行本：175 ページ / 20.8 x 14.8 x 1.6 cm
ISBN-10: 4278039034 ISBN-13: 9784278039030 ［この本のウィジェットを作る］

書評とコメント

ほかのサービスで見る

メディアマーカー　読書メーター　inBook　Libliar　LibraryThing　本が好き！
Webcat Plus　CiNii Books　国立国会図書館サーチ　カスタマイズ

Amazon.co.jp のレビュー

amazon.co.jp

カスタマーレビュー

再検索用に，図書館の設定を変更することができる

SNSや，アマゾンのカスタマーレビューの表示などの外部連携あり

ディスカバリーサービス

- OPAC
  - ウェブOPACシステム
  - 外部リンクを取り入れたウェブOPACシステム
- 次世代OPAC
  - ディスカバリーサービス
  - ウェブスケールディスカバリー
    - 図書館の蔵書資料だけでなくウェブ上の情報や電子ジャーナルのコンテンツ情報など，幅広い情報を対象として検索が可能なツール
    - 国立国会図書館サーチ

ディスカバリーサービス（続き）

- 図書館が提供するさまざまなリソースを同一のインタフェースで検索できるサービス
- OPAC，電子ジャーナル，データベース，機関リポジトリ等，収録対象や検索方法が異なるリソースを一括検索できる
- 使いやすいインタフェースや，適合度によるソート，絞込み，入力補助などのユーザ支援機能

国立国会図書館サーチ(NDL Search):概要

- 正式サービス開始　2012年1月
- 検索対象:NDL所蔵資料，都道府県立図書館や政令指定都市の市立図書館の蔵書，国立国会図書館や他の機関が収録している各種のデジタル情報など，約100種のデータベース
- 日次更新
- 目次情報や本文全文も検索

NDL Search:概要(続き)

- 曖昧な表現で検索可能
- 障がい者や高齢者に配慮
  - 文字拡大，白黒反転の変更可能な画面
  - 障がい者向け資料検索画面:点字資料やデイジー資料等の検索
- 入力語を英語，中国語，韓国語へ翻訳して検索
- 検索結果を，独自のロジックで適合度順に排列
- 異なる複数館所蔵の同一資料や，版や形態の異なる同一著作をまとめて表示

NDL Search :検索画面

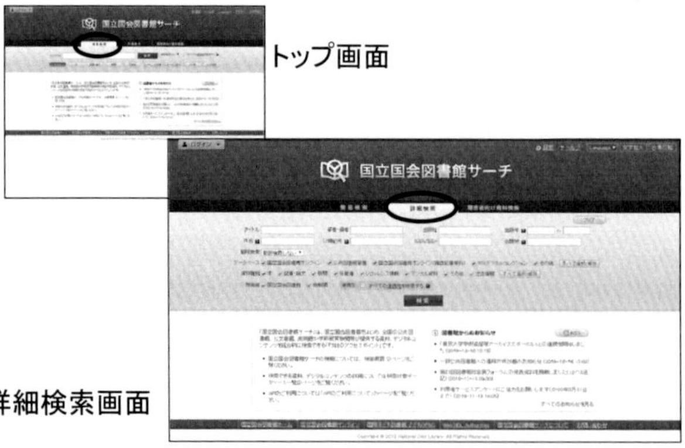

国立国会図書館サーチ

トップ画面

国立国会図書館サーチ

詳細検索画面

NDL Search：検索結果一覧

関連資料をグループ化

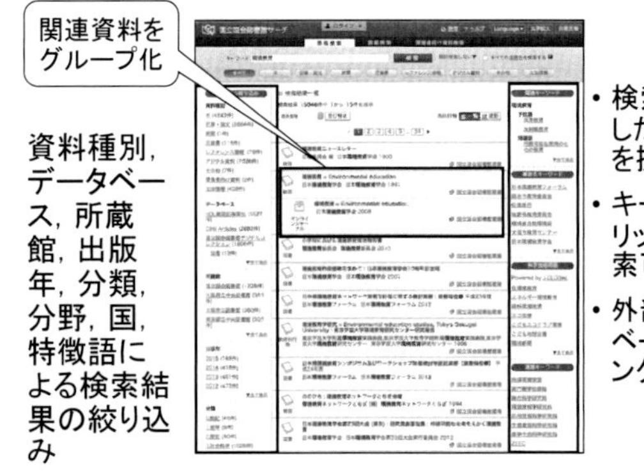

資料種別，データベース，所蔵館，出版年，分類，分野，国，特徴語による検索結果の絞り込み

- 検索から類推したキーワードを提示
- キーワードをクリックして再検索可能
- 外部データベースへのリンクあり

NDL Search：検索結果詳細

資料の入手の手段について

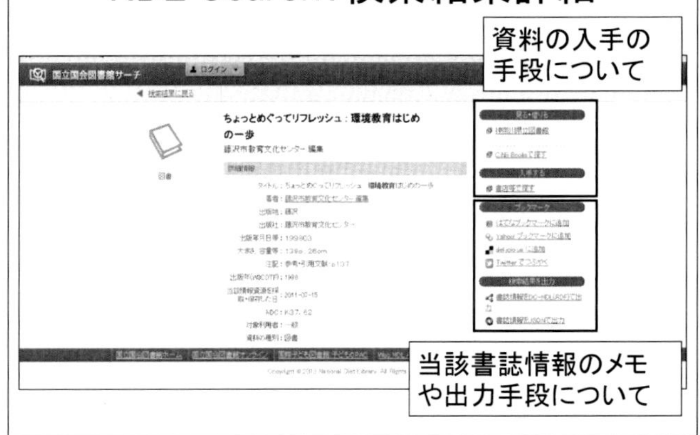

当該書誌情報のメモや出力手段について

例題

第5章の例題で見つけたテーマ「企業の管理者教育としてのビジネス・ゲームの効果」に関して，日頃利用している図書館で所蔵していない資料について，近隣の図書館でどのような資料を所蔵しているかを知りたい。どのような手順で調べればよいか。(1)から(3)に沿ってまとめなさい。

(1) データベースの選択とその理由について

(2) 検索項目，検索語，検索語の組み合わせ，検索での工夫について

(3) 来館可能な図書館の所蔵情報の確認の方法

例題：解答例

(1) データベースの選択とその理由について
できるだけ多くの資料を検索できて，借り出しができるのかについて確認できるので，総合目録データベースCiNii Booksを利用。大学図書館にしたのは，研究書が網羅的に収集されている可能性があると考えたから。

(2) 検索項目，検索語，検索語の組み合わせ，検索での工夫について
- あらかじめわかっている語を使用して，フリーキーワードで検索 → 主題件名を確認
- 改めて件名を使用して再検索

(3) 所蔵情報の一覧を，近隣の地域に限定した。さらに，その一覧にある特定の図書館のOPACで，所蔵状況を確認した。

第9章 雑誌記事を調べる

第２章で学んだように，雑誌は図書よりも早くよりまとまった量の情報を伝える情報源です。雑誌は同じタイトルで逐次刊行され，各号には執筆者の異なる複数の記事が掲載されています。あるタイトルの雑誌があるのか，またその雑誌のどの号を閲覧できるのかという所蔵検索の場合は，図書と同様にOPACを利用します。

しかし，どの雑誌にどのような記事が掲載されているのかを調べる場合には，雑誌記事索引を使います。雑誌記事索引では，収録対象となる雑誌の種類に対応したデータベースが構築されています。本章では，学術雑誌と一般雑誌に分けて雑誌記事の調べ方を学びます。

雑誌の特徴

『図書館雑誌』2011年8月号，9月号の表紙と目次一部

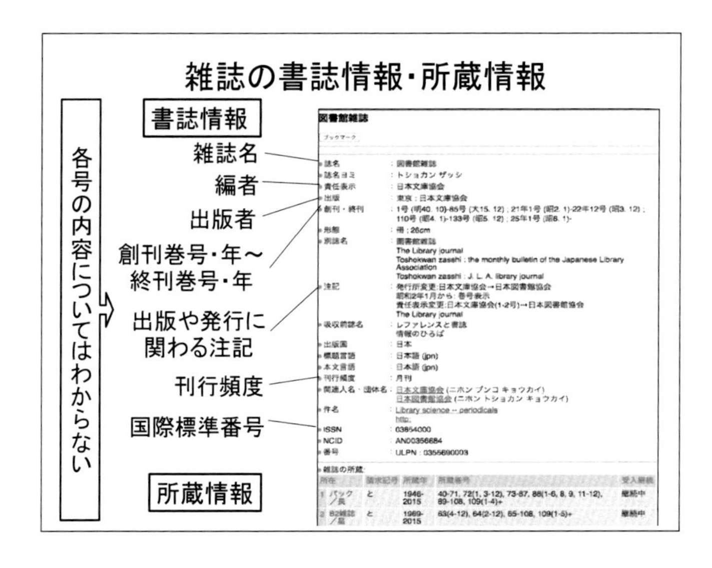

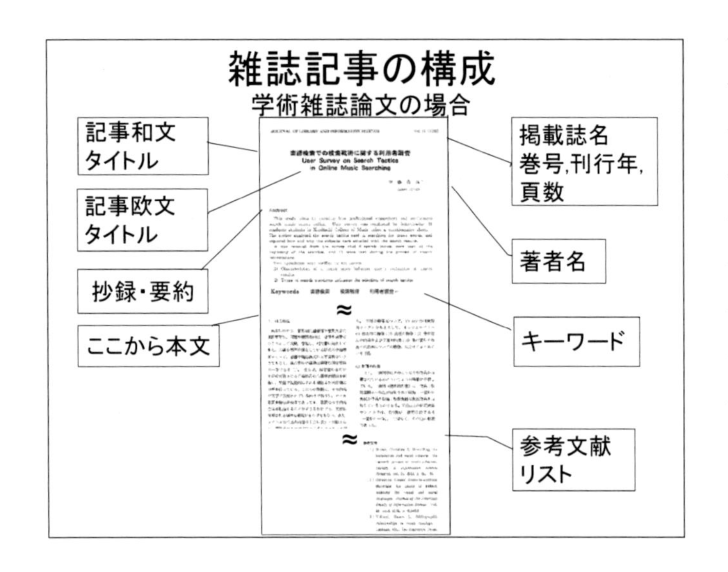

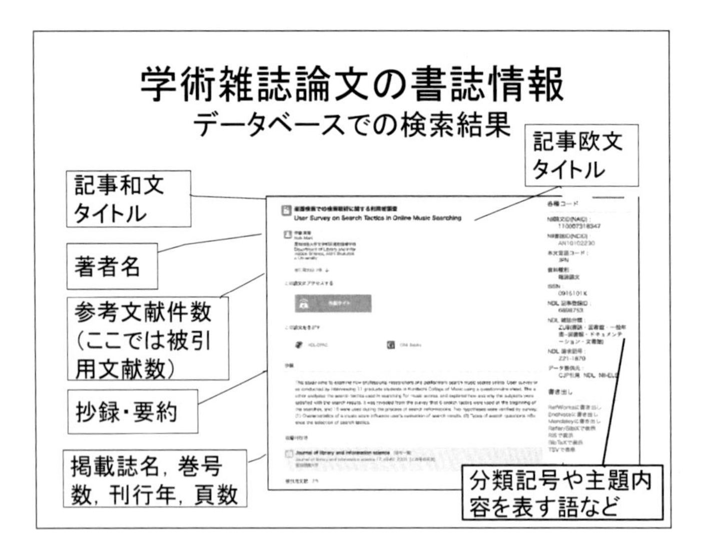

学術雑誌論文を調べるには

- 索引データベース
  - 各号に収載されている記事について調べられる
  - 検索対象：書誌情報
  - 雑誌記事索引，CiNii Articles，MagazinePlus（有料），Web OYA-bunko（有料）など
- 抄録データベース
  - 各号に収載されている記事について調べられる
  - 検索対象：書誌情報に加え，記事内容の要約
  - JDreamⅢ（有料）など
- 全文データベース
  - 記事内容そのものが検索対象となる
  - IRDB，Google Scholarなど

索引，抄録データベースの検索

- 各記事の書誌情報を検索対象
- 精度の高い検索
- 一次情報の入手に一手間が必要

全文データベースの検索

- 思いついたことばで手がかりとなる情報を検索できる
- 検索対象が書誌情報だけでなく全文のため，検索ノイズも多くなる
- 検索結果には，一次情報の閲覧・アクセス権限が必要な情報も含まれる
  - 図書館の契約など，個々の利用者の利用環境の影響を受ける
  - 一次情報を閲覧できない場合
    - OPACで所蔵調査
    - ILLサービスを利用

検索語の工夫

- 著者や索引者が付与したキーワードに着目
- 専門用語によってテーマを特定化できる
- 学術論文では，記事タイトルに具体的なテーマを表示
  - 中心的なテーマのキーワード＋方法/対象/時期など

例:「富士山宝永噴火の降灰域縁辺における状況推移を記録する良質史料『伊能景利日記』と伊能景利採取標本」

CiNii Articles：概要

- 国立情報学研究所による論文情報ナビゲータ
- 学協会刊行物・大学研究紀要・国立国会図書館『雑誌記事索引』などの学術論文情報を検索
- 2005年4月～　収録件数1,600万件以上
- 引用文献索引データベースとしての機能
  - ある文献に掲載されている参考文献リストを表示
  - 別の文献から引用されている場合には，それらの被引用文献リストを表示
  - それらの文献がCiNii Articlesに収録されていればリンク
- 電子ジャーナルなど外部データベースへナビゲート

CiNii Articles：概要（続き）

- 『雑誌記事索引』
  - 国立国会図書館により作成（通称ざっさく）
  - 学術雑誌を対象
  - 1948年以降に国内で刊行され，国立国会図書館が収集した約1万誌の定期刊行物に掲載された記事・論文に関するデータベース
  - 雑誌記事索引へのアクセス
    a. NDL ONLINEの雑誌記事を選択
    b. 国立国会図書館サーチ

CiNii Articles：検索画面

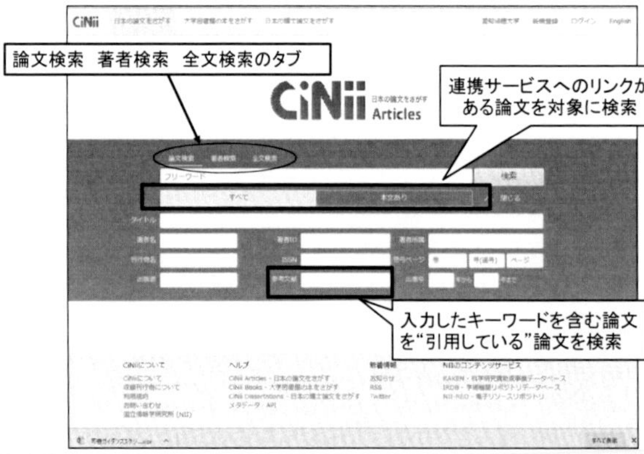
論文検索　著者検索　全文検索のタブ
連携サービスへのリンクがある論文を対象に検索
入力したキーワードを含む論文を"引用している"論文を検索
CiNii
Articles

CiNii Articles:検索結果一覧

- 書誌情報と抄録の表示:論文へのアクセス
- 参考文献・引用情報の表示:チェイニング

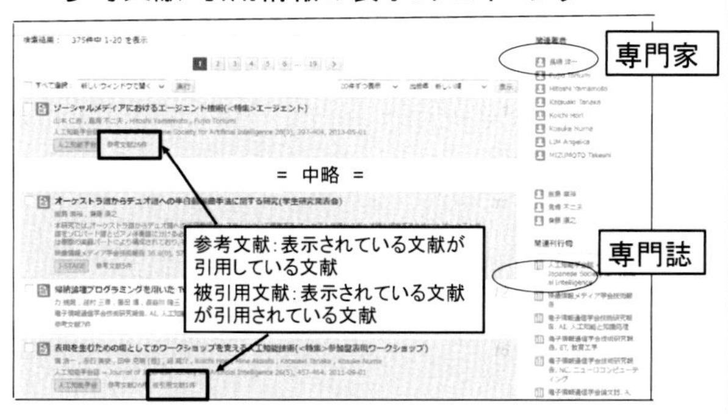

CiNii Articles:検索結果詳細

検索語の候補となる関連するキーワード

アイコンをクリックして論文を入手

収録誌の書誌情報

・当該論文が引用している参考文献の書誌情報
・CiNii Articlesに収録されていればリンクあり

CiNii Articles:検索結果詳細 雑誌記事の入手

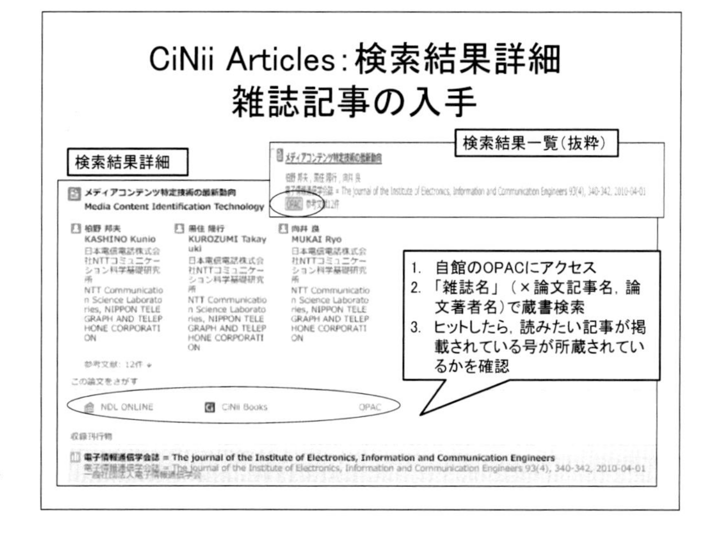

学術機関リポジトリデータベース：概要

- 学術機関リポジトリデータベースIRDB
  - 「日本国内の学術機関リポジトリに登録されたコンテンツのメタデータを収集し，提供するデータベースサービス」
  - 学術機関リポシトリに収集・保管・発信される電子的コンテンツの内，紀要（学術的性格を持つ雑誌）はその主なもののひとつ
  - 収集したメタデータ（書誌情報）は，CiNiiでの検索（CiNii Articles, CiNii Dessertations），医学中央雑誌刊行会や国立国会図書館での博士論文の本文提出（NDL Search）に自動で利用される

IRDB：詳細検索，検索結果画面

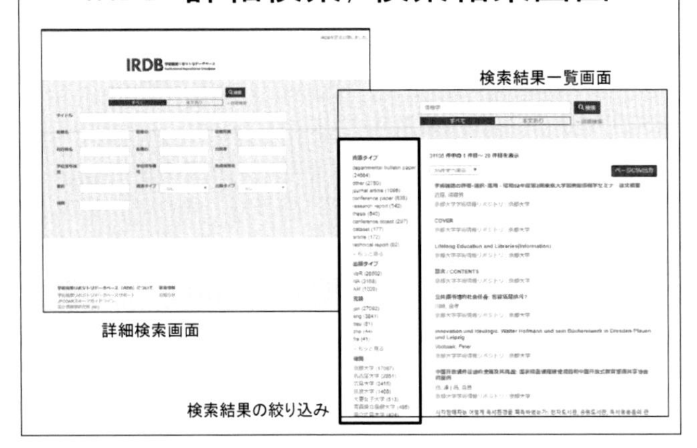

Google Scholar：概要

- さまざまな研究分野の論文を手早く確認
- 論文だけではない多様な学術的な資料を検索
  - 論文，要約，および引用を検索
- CiNii Articlesや IRDBも検索対象
- 検索結果から，利用している図書館で契約している資料へのアクセスが可能

Google Scholar：検索画面

- Googleウェブ検索と同様に，簡易な検索ボックスに検索語を入力して検索実行
- あらかじめ作成したアカウントでログインすることにより，言語やアクセス可能な図書館を設定できる

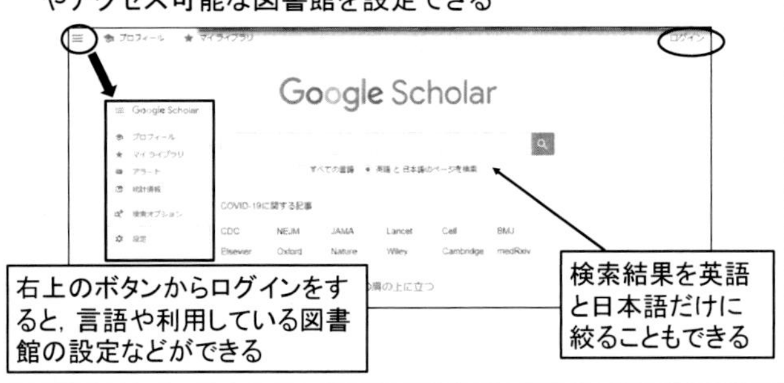

右上のボタンからログインをすると，言語や利用している図書館の設定などができる

検索結果を英語と日本語だけに絞ることもできる

Google Scholar：検索結果一覧画面

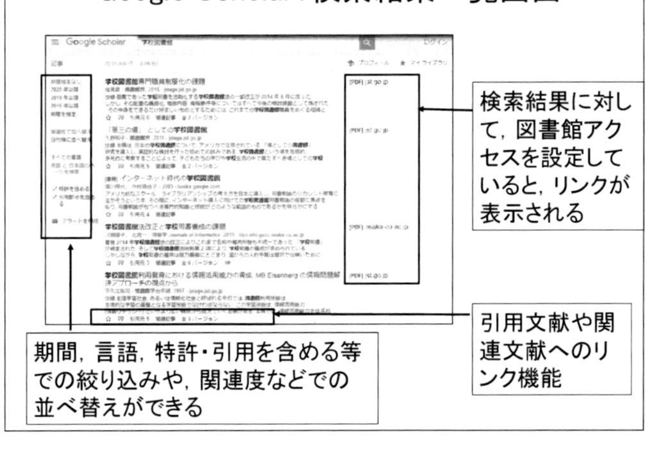

検索結果に対して，図書館アクセスを設定していると，リンクが表示される

引用文献や関連文献へのリンク機能

期間，言語，特許・引用を含める等での絞り込みや，関連度などでの並べ替えができる

雑誌記事の構成

一般雑誌記事の場合

これからのペット産業は
ペットとのつきあい方
超高齢化社会でのペットの役割
文・猿島　寅之介

子高齢者の生活の安定をはかるには

ホッと雑誌 May 2016

記事タイトル

本文

掲載誌名，刊行年月

検索語の工夫

- 学術論文の検索との違いに気をつける
  - 専門用語には対応しにくい

    例：ESD（持続可能な開発のための教育）→ 電子工学で使われている“Electrostatic Discharge”（ESD）静電気放電に関する記事などは含まれない
  - 最近流通している語や，口語で使用する語でも探せる

    例：萌えキャラ → キャラクター，女子力男子 → 男性－日本など，学術論文検索では上位概念のことばで調べることになる

大宅壮一文庫：概要

- 日本で初めての雑誌図書館
- 評論家・大宅壮一（1900－1970）の雑誌コレクションを核としている
  - “その時代の空気や生の世相，民衆の声を反映”した情報を収集できる
- 一般娯楽雑誌を対象とした記事索引
  - ウェブ版Web OYA-bunko（有料）
  - 明治～最新まで500万件以上を収録
  - 毎週3回の更新
  - 補足コメントや検索用キーワードを追加してヒット率を向上
- 各種コピーサービスと連携して一次情報入手支援

Web OYA-bunko：書誌情報の作成

- 手作業で雑誌記事索引を作成
  ①記事の種類（グラビア，インタビュー，対談，座談，書評，小説），②記事のタイトル，③執筆者・発言者，④雑誌名，⑤発行日，⑥掲載ページ，⑦分類項目
- 記事タイトルの後に内容を補足するコメントを付与
- 検索用フリーワードの付与
  - 人物名，肩書，人名キーワード，件名キーワード
- テーマの分類
  - 記事のテーマを人名索引と件名索引のどちらかに分類
  - 人名索引に分類する場合は，その人物の項目の有無を確認
  - 件名索引に分類する場合は，約7000の件名項目から該当項目を選択：小項目では世相や風俗に関する独自の項目を設定

Web OYA-bunko：検索機能

- 検索方法
  - 簡単検索
    - 雑誌記事のタイトルをフリーワード検索
    - 任意の検索語を使って索引データを検索
  - 詳細検索
    - フリーワード，執筆者，発行日，記事種類，雑誌名，雑誌ジャンルの検索項目を組み合わせて，より詳細な検索
  - 分類別検索
    - 大宅壮一文庫の独自の分類方法から検索
    - フリーワード検索よりも厳選された索引データを検索できる
  - 目録検索
    - 1987年以前のデータをテスト公開中
    - フリーワード，執筆者，発行日，雑誌名の検索項目を組み合わせて検索

Web OYA-bunko：詳細検索画面

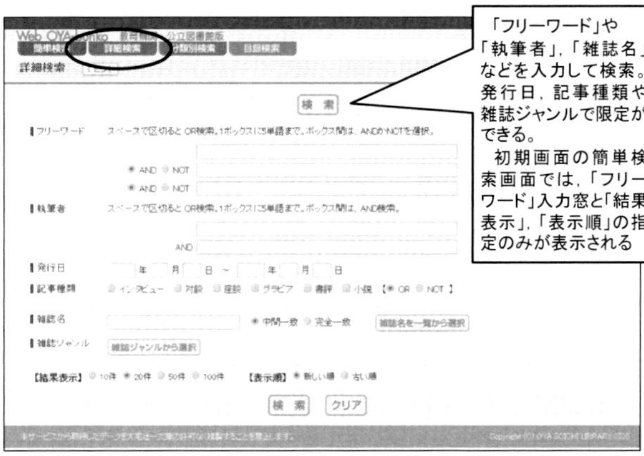

「フリーワード」や「執筆者」，「雑誌名」などを入力して検索。発行日，記事種類や雑誌ジャンルで限定ができる。
初期画面の簡単検索画面では，「フリーワード」入力窓と「結果表示」，「表示順」の指定のみが表示される

Web OYA-bunko：詳細検索画面（続き）

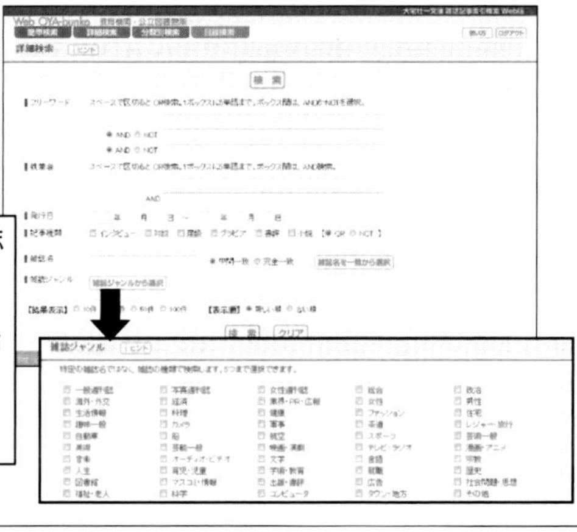

特定の雑誌名ではなく「経済誌」「女性誌」など，雑誌の種類で絞り込める

Web OYA-bunko：検索結果一覧

- フリーワード “相撲” and “飲食店”で検索
  → タイトル補足文から探し出している

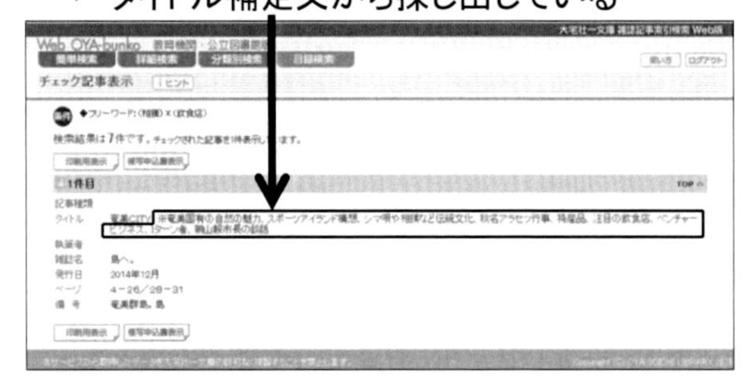

Web OYA-bunko：分類別検索

- 各界の“著名人”や，職業のジャンルによる人物の検索，独自の分類項目による検索を提供

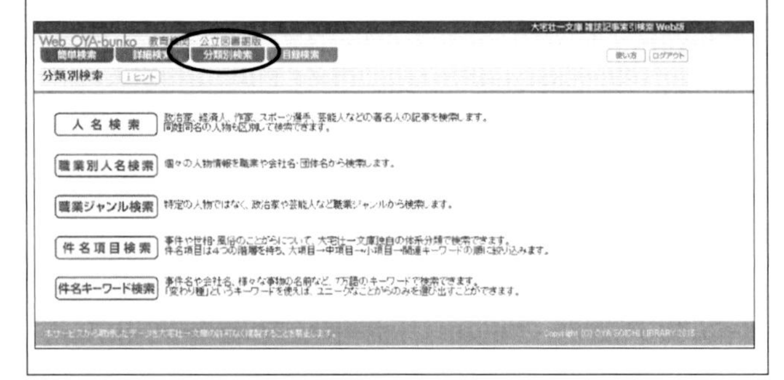

Web OYA-bunko：分類別検索
職業別人名検索

Web OYA-bunko：分類別検索
職業ジャンル検索

大宅壮一文庫 雑誌記事索引検索 Web版

Web OYA-bunko 教育機関・公立図書館版

簡単検索　詳細検索　分類別検索　目録検索

使い方　ログアウト

職業ジャンル検索

特定の人物ではなく複数の人物情報を、政治家や芸能人などの職業ジャンルで検索します。

職業ジャンル　いくつでも選択できます。

政治家／官僚／公務員　経済人／経営者／企業幹部　王族／皇族／貴族　市民・社会運動
探険・冒険　軍人／自衛隊　司法／検察／警察　スポーツ／武道／格闘技
趣味・芸　芸能（音楽・演劇・舞踊）　美術／建築／工芸／写真　マスコミ／広告
宗教／心霊術　教育者／学者／医者　文学／文芸　武士／武将／その他歴史人物
その他

職業ジャンルを全て選択する

条件を追加する

条件追加

記事索引を見る

【結果表示】10件 20件 50件

Web OYA-bunko：分類別検索
件名項目検索

Web OYA-bunko：分類別検索
件名キーワード検索

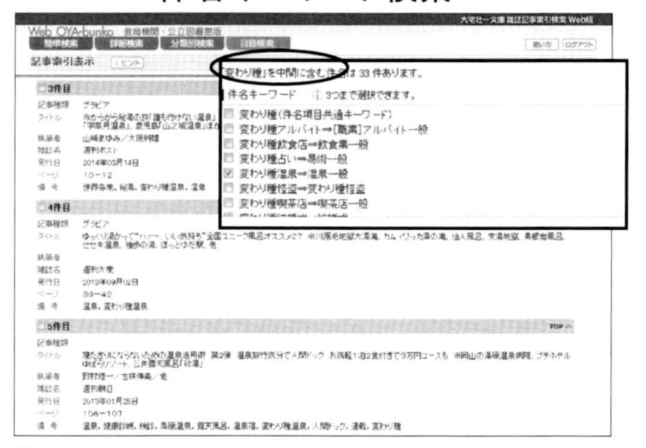

例題

「企業の管理者教育としてのビジネス・ゲームの効果」に関する雑誌記事論文を探したい。見つけた論文を閲覧可能かどうかについても知りたい。どのような手順で調べればよいか。(1)から(3)に沿ってまとめなさい。

(1) 選択したデータベース名，検索語の選び方，データベースで使用した検索項目，検索語の組み合わせ，検索結果数，検索で工夫したこと

(2) 適切と思われる文献の書誌事項(3件程度)

(3) 閲覧が可能か

例題:解答例

(1) データベース:CiNii Articles

検索語:できるだけ特定的な語を使用することを念頭に，シソーラス等をチェックしてみる。

-JSTシソーラス:

管理者教育=>同義語"経営教育""マネジメント教育";共出現語"人材育成"

ゲーム=>"ゲーム"

-NDL Authorities:

管理者教育=>"経営教育";下位語"企業内教育"

ゲーム=>"ゲーム"

(2) 適切と思われる文献3件の書誌事項

(3) 閲覧が可能か

掲載誌名を自館OPACで検索し，巻号の所蔵を確認する。所蔵していない場合は，CiNii Booksで所蔵館を調べる。

第10章
新聞記事を調べる

新聞は基本的に毎日発行され，雑誌よりも速報性があります。雑誌と同様に，同一タイトルの元で発行されますが，掲載されている記事内容が異なります。そのため雑誌記事の場合と同様に，蔵書目録では個々の記事が検索できず，記事索引を使用する必要があります。

各新聞社は遡及的なデータベースを構築して，図や写真，広告なども検索できるようにしています。最近では，各種のサーチエンジンが提供するニュースサイトを利用して，新しいニュースを簡便に探すことができるようになっています。それぞれのデータベースの特徴を理解して，いつのどのような新聞掲載記事を探すのかに注意しながら，効率的な検索に必要な知識を学びましょう。

刊行形態の特徴

- 刊行頻度
  - 朝刊，夕刊
  - 日刊，週刊，月刊など
- 発行元
  - 東京版，大阪版，奈良版，国際版など
- 複製媒体
  - 冊子体：縮刷版，復刻版
  - マイクロフィルム
  - デジタル

朝日新聞復刻版と紙面

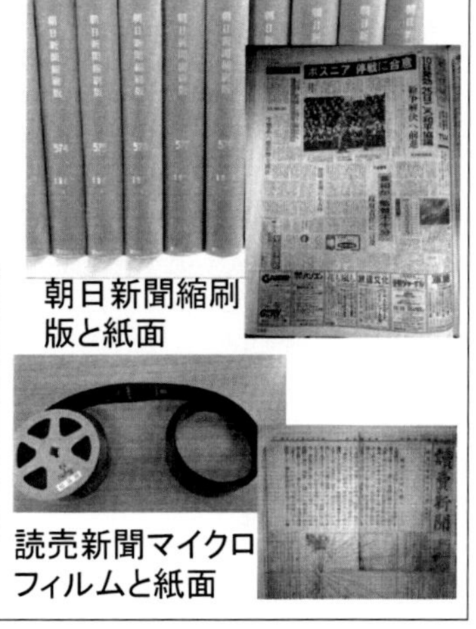

朝日新聞縮刷版と紙面

読売新聞マイクロフィルムと紙面

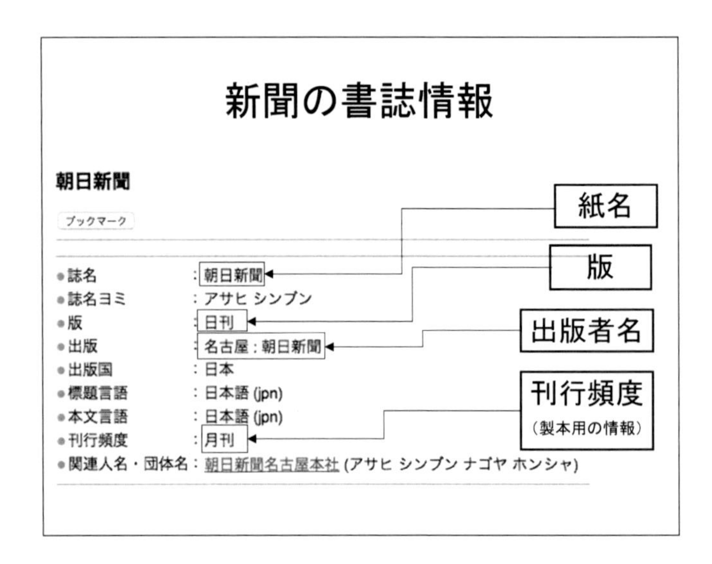
新聞の書誌情報
朝日新聞
ブックマーク
紙名
版
出版者名
刊行頻度
（製本用の情報）
誌名 ：朝日新聞
誌名ヨミ ：アサヒ シンブン
版 ：日刊
出版 ：名古屋：朝日新聞
出版国 ：日本
標題言語 ：日本語 (jpn)
本文言語 ：日本語 (jpn)
刊行頻度 ：月刊
関連人名・団体名：朝日新聞名古屋本社 (アサヒ シンブン ナゴヤ ホンシャ)

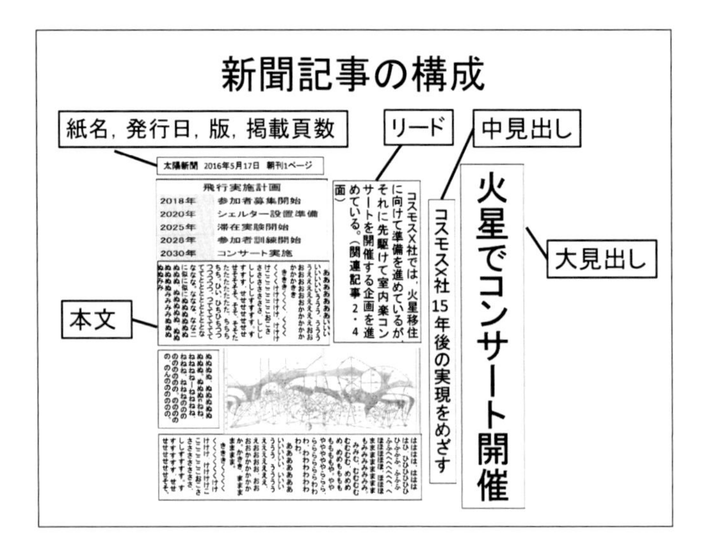
新聞記事の構成
紙名，発行日，版，掲載頁数
リード
中見出し
太陽新聞 2016年5月17日 朝刊1ページ
飛行実施計画
2018年 参加者募集開始
2020年 シェルター設置準備
2025年 滞在実験開始
2028年 参加者訓練開始
2030年 コンサート実施
コスモスX社では，火星移住に向けて準備を進めているが，それに先駆けて室内楽コンサートを開催する企画を進めている。（関連記事２・４面）
コスモスX社 15年後の実現をめざす
火星でコンサート開催
大見出し
本文

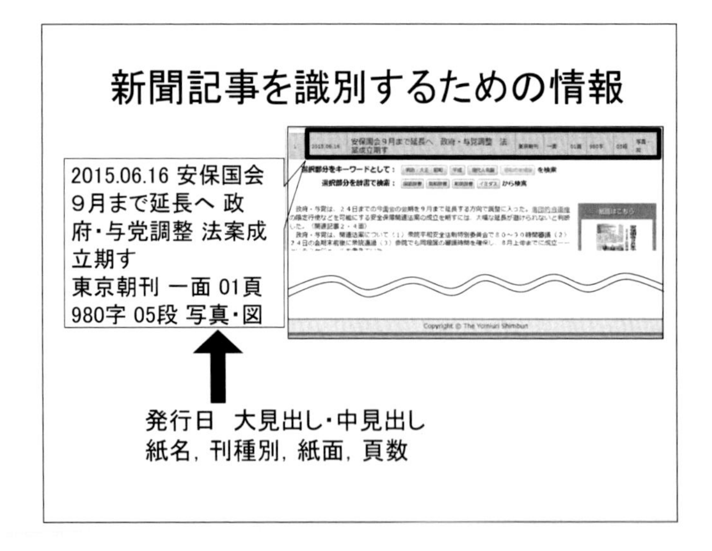
新聞記事を識別するための情報
2015.06.16 安保国会9月まで延長へ 政府・与党調整 法案成立期す
東京朝刊 一面 01頁
980字 05段 写真・図
Copyright © The Yomiuri Shimbun
発行日 大見出し・中見出し
紙名，刊種別，紙面，頁数

新聞記事を探すには

- オンラインですべての記事が提供されているわけではない
- 利用目的ごとに使い分けよう
  - 速報性
    - 各新聞社のウェブサイト
    - ニュースサイト
      - 複数の情報ソースを集めたウェブサイト（ニュースアグリゲーター）：「Googleニュース」「Yahoo！ニュース」など
      - 対象を限定
        » 情報技術分野関連ニュース：「ITmedia」など
        » 全国新聞ネット「47NEWS」：地方紙52新聞社のニュースと共同通信の内外ニュースを統合して提供する総合サイト

新聞記事を探すには（続き）

- 遡及性
  - 各新聞社のデータベース（有料）
    - 朝日新聞「聞蔵Ⅱビジュアル」
    - 読売新聞「ヨミダス歴史館」
    - 毎日新聞「毎策」
    - 中日新聞「中日新聞・東京新聞記事検索サービス」
    - 日本経済新聞社「日経テレコン」
- 横断検索
  - G-Search（有料）
    - 全国紙，地方紙，専門紙などの新聞記事を一括して検索

検索語の工夫

- 記事全体で使われていると思われる語を使う
  - 同じ意味のことばへの言い換え
    例：萌えキャラ → 美形キャラクター
    アニメ風の美少女のキャラクター，擬人化
  - 省略語を言い直す
    例：東京帝大 → 東京帝国大学
    子育て施設 → 子育て支援施設

聞蔵Ⅱビジュアル：概要

- 朝日新聞社による記事検索サービス
- 対象
  - 1879～1989年までの朝日新聞縮刷版の記事や広告
  - 1985年以降の朝日新聞記事全文，『週刊朝日』『アエラ』の記事
    - 東京本社版であれば，当日から検索可能
  - 現代用語辞典『知恵蔵』（最新版）
  - 人物データベース：“各界の有識者を中心に経済人，政治家，研究者，文化人，スポーツ選手らを幅広く収録”
  - 1923創刊～1945年までの『アサヒグラフ』誌面イメージ
  - 歴史写真アーカイブ：満州事変の前後から敗戦までのアジア各地で撮影された写真約1万枚

聞蔵Ⅱビジュアル：検索機能

- 二次検索
  - 連載やコラムを絞り込んで検索：例 “（天声人語”
  - 地域面のみの検索：例 “／埼玉”
  - 朝夕刊，面名，本紙・地方紙，発行社
  - 分類
- 検索支援「関連キーワード参照」
  - 検索語を入力すると関連キーワードを表示
- その他
  - リストの並び替え：発行日順
  - 紙面イメージは，著作権の関係から写真などが見られないものもある

聞蔵Ⅱビジュアル：検索画面

聞蔵Ⅱビジュアル：詳細検索画面

- 検索モードの選択
- 検索対象紙誌の選択
- 論理演算子の選択
- 発行期間，発行日の限定
- 検索対象項目による限定
- 分類による限定
- 朝夕刊の選択
- 面名による限定
- 本紙・地方紙の選択
- 写真・図表付きの記事を限定
- 発行社の選択

聞蔵Ⅱビジュアル：検索結果詳細

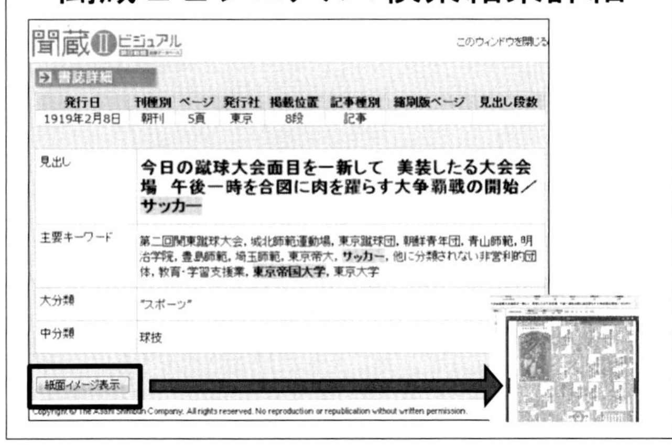

聞蔵Ⅱビジュアル：ナビ検索画面

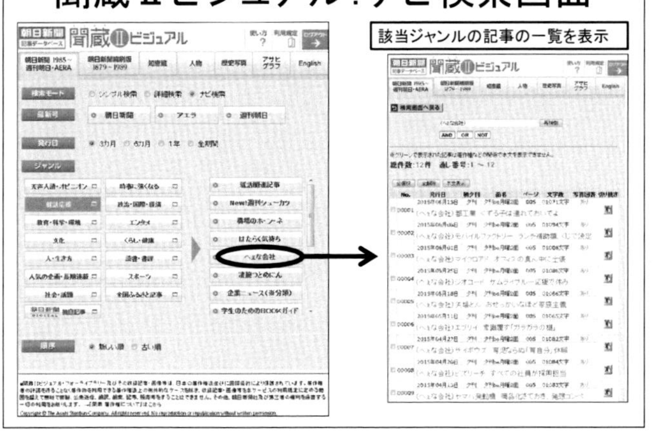

朝日新聞歴史写真アーカイブ

- 検索方法
  - 簡易検索
    - 簡易入力窓に検索語を入力
    - 同義語，異体字の正規化の条件をつけることができる
  - 書誌情報で探す
    - キーワード，分類，撮影地，写真の説明など検索項目を選択して検索
  - 分類で探す
    - 大・中・小分類のリストから選択
  - 撮影地で探す
    - リストから選択
    - 地図上に選択した場所に印がついて確認できる
  - 年表で探す
    - 年表で表示されるキーワードをクリック

日経テレコン：概要

- 日本経済新聞社により1984年から提供
- 対象
  - 日本経済新聞のほか，全国紙，全都道府県の50紙，専門紙，スポーツ紙など140タイトル以上の国内主要紙（契約方法によって異なる場合がある）
  - 日本経済新聞など主要15紙以上は当日の記事も閲覧可能
  - 本文だけでなく，記事に含まれる写真，イラスト，表もそのままのレイアウトで閲覧できる
  - 記事情報の他に，海外紙の日本語版や翻訳ニュース，企業情報，市場動向，人物情報などを含む

日経テレコン：検索画面

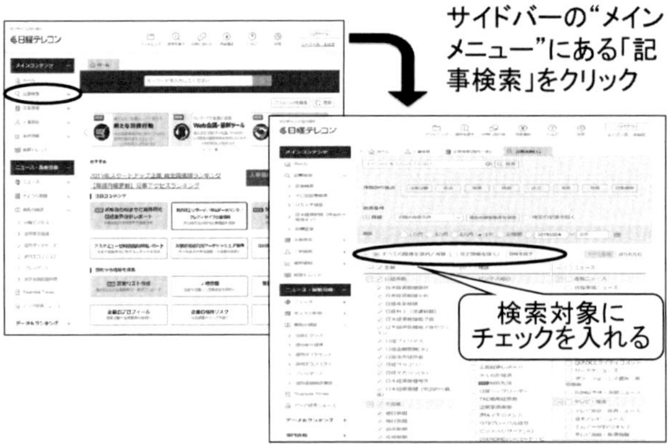

サイドバーの“メインメニュー”にある「記事検索」をクリック

検索対象にチェックを入れる

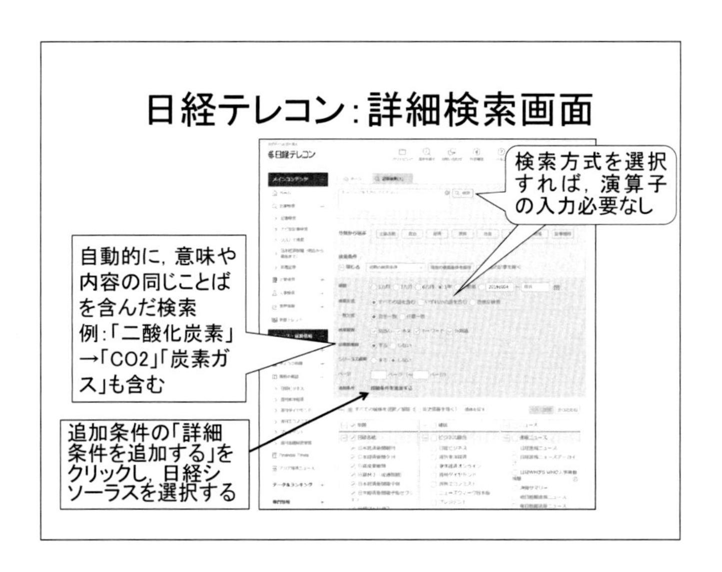
日経テレコン：詳細検索画面
検索方式を選択すれば，演算子の入力必要なし
自動的に，意味や内容の同じことばを含んだ検索
例：「二酸化炭素」→「CO2」「炭素ガス」も含む
追加条件の「詳細条件を追加する」をクリックし，日経シソーラスを選択する

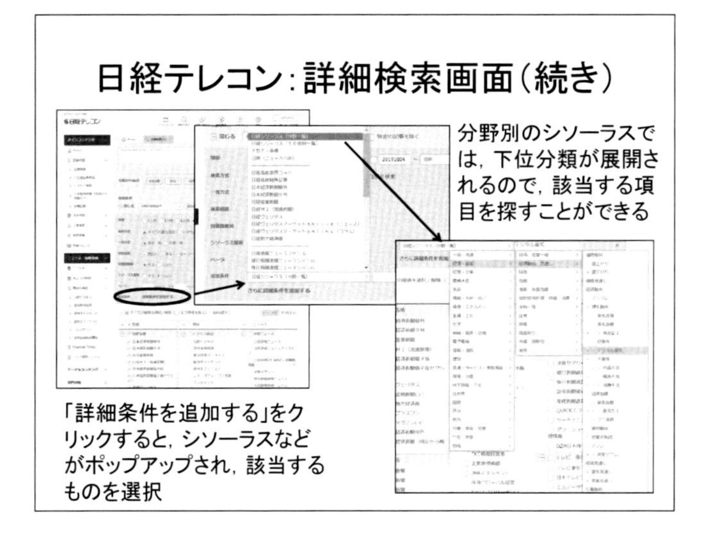
日経テレコン：詳細検索画面（続き）
分野別のシソーラスでは，下位分類が展開されるので，該当する項目を探すことができる
「詳細条件を追加する」をクリックすると，シソーラスなどがポップアップされ，該当するものを選択

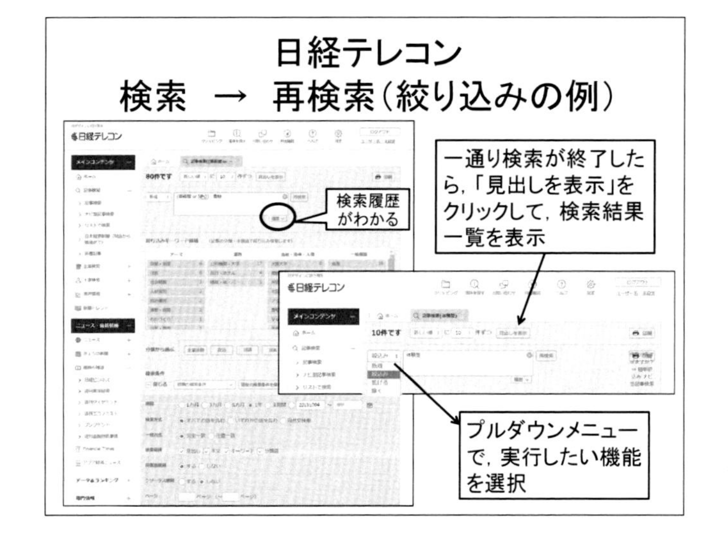
日経テレコン
検索 → 再検索（絞り込みの例）
検索履歴がわかる
一通り検索が終了したら，「見出しを表示」をクリックして，検索結果一覧を表示
プルダウンメニューで，実行したい機能を選択

日経テレコン：検索結果

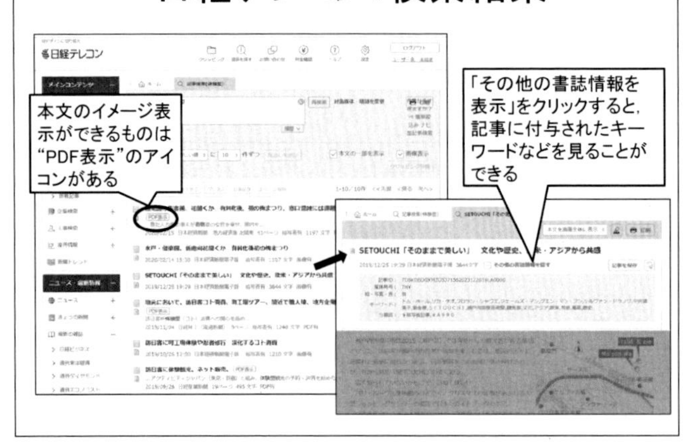

Googleニュース：概要

- ニュースアグリゲータ
  - 世界各地の 50,000 以上のニュース提供元の見出しを集約して同じような内容の記事をグループ化し，各読者の関心に基づいて表示
    - 記事の表示頻度，掲載サイト，その他の要素をコンピュータが評価することで選択され，ランク付けされる
    - ランク付けの際には，ニュース コンテンツの即時性，対象地域，関連性や多様性といった要素も考慮される
- 気になる記事の見出しをクリックすると，その記事を配信しているニュースメディアのサイトに直接アクセスすることができる
- 過去 30 日以内にクロールされた記事を掲載
  - 時間は，Google ニュースに記事が追加された時間を表す

Googleニュース：概要（続き）

- トピックの選択
  - 言語と地域に基づいて，アルゴリズムによって選択
    - 同一言語と地域が設定されている場合，ヘッドライン ニュースについては，だれでも同じ記事が表示される
  - ニュース提供元が出版物に含める記事を選択
  - Google ニュースのマーケティング チームが [新聞・雑誌] ニューススタンド に表示する人気の出版物を選択
  - Google ニュースのプロダクト エクスペリエンス チームが大規模なイベント（選挙やオリンピックなど）のトピックや，関連性の高い検索結果へのリンクを一時的に追加

Googleニュース：概要（続き）

- 古いニュースを探す場合
  - Google ニュース アーカイブ検索を利用
  - 各タイトルをクリックすると画像が表示され，ブラウズ可能

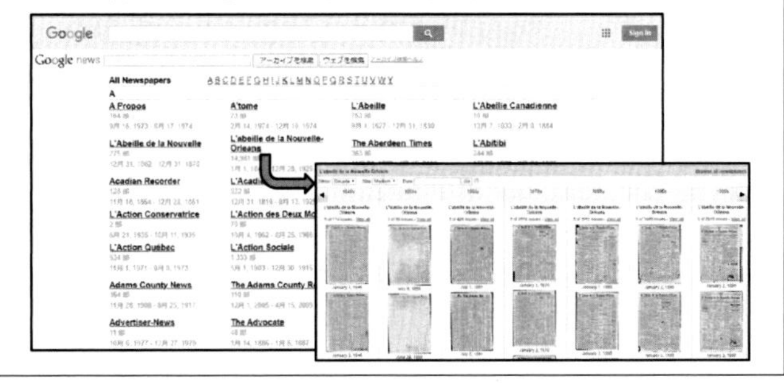

Googleニュース：概要（続き）

- コンテンツのパーソナライズ
  - アカウントにログインすることで，追加の機能を利用可能
    - ログインユーザーのアクティビティ（履歴）を表示・保存
    - ニュース通知の管理
    - 興味のある記事に限定

Googleニュース：検索画面

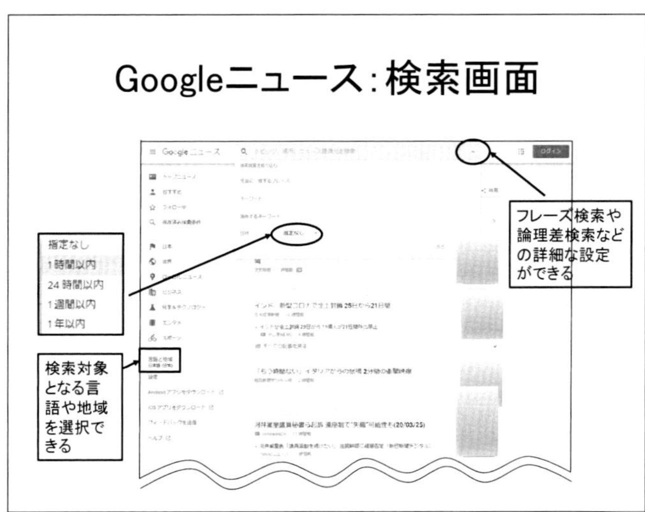

Googleニュース：検索結果

Googleニュース：検索結果（続き）

- 各記事のタイトルにカーソルを合わせて出てくるアイコンで，その記事を基にした次のステップが選択できる

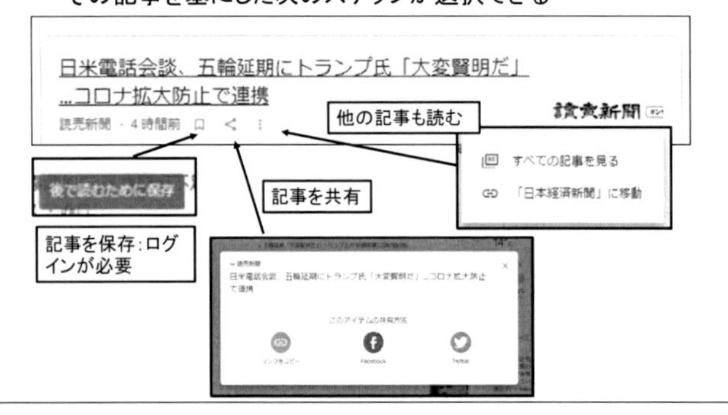

例題

「企業の管理者教育としてのビジネス・ゲームの効果」に関する新聞記事を探したい。どのような手順で調べればよいか。(1)から(3)に沿ってまとめなさい。

(1) 使用したデータベース名

(2) 使用した検索語，検索項目と語の組み合わせかた，検索語の選び方や検索項目で工夫したことは何か

(3) 検索結果から適切と思われる文献の書誌事項2件を記載

例題：解答例

(1) 使用したデータベース名

聞蔵Ⅱビジュアル

(2) 使用した検索語，検索項目と語の組み合わせかた，検索語の選び方や検索項目で工夫したことは何か

検索語：経営教育　管理者教育　マネジメント教育 人材育成 ゲーム

なるべく検索漏れを防ぐために，雑誌記事検索の際に見つけた同義語などを利用した。

検索式：（経営教育 or マネジメント教育 or 管理者教育 or 人材育成） and ゲーム

類義語や関連語を論理和演算で組み合わせた。

(3) 第2章で示された新聞記事の書誌事項の書き方に従ってまとめる

第11章
人物情報を調べる

あるテーマについて調べる際に，当該テーマにおいて重要と考える文献の著者を手がかりにすることがあります。また，その人物自身の背景を知ることで，さらに情報の探索が発展していくこともあります。このように人物に関する情報を調べることは，さまざまな可能性を持っています。

ある人物について調べるという場合に，その人物に関する情報がほしいのか，その人物について書かれた文献情報がほしいのか，その人物が書いた文献情報がほしいのか，などによってアプローチが異なります。

人物情報の調べ方の違いを理解し，それぞれの場合に適したツールを学びましょう。

人物を調べる

- 今話題になっている人か／過去の出来事に関連した人か
- 現存の人か／歴史上の人物か
- 実在の人か／架空の人か
- 個人か／団体か
- 日本人か／外国人か

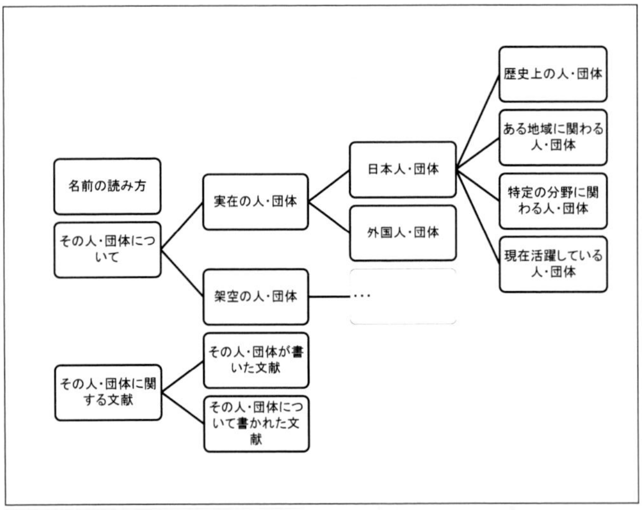

人物情報の要素

- 氏名(日本語よみ，英語)，本名・別名
- 生没年月日
- 出生地
- 職業・肩書
- 学位，学歴，経歴，業績
- ジャンル，研究テーマ・キーワード
- 受賞，所属学会・団体，特許
- 家族・親族
- 趣味・特技
- 社会貢献活動など
- 関連サイト，参考文献など

検索語の工夫

- 姓と名を分け，姓で探す
- 個人名は同姓異人を識別する必要あり
- 新旧字体，異体字の区別(システムによって異なる)
- 実名とは限らない
  - 筆名，芸名，幼名，屋号など
- 名称変更の可能性
  - 個人名：旧姓から新姓
  - 団体名：組織変更による名称の変更
- 外国人名は，原綴りでも調べる

→ 書誌情報での統制語を調べておくとよい(第3章参照)
　読売ジャイアンツ
　← 東京巨人軍(旧称)
　　読売巨人軍; 東京読売巨人軍; 読売巨人軍(法人名);
　　巨人軍; ジャイアンツ; Tokyo Yomiuri Giants

人物についての情報源

- 人物情報
  - 人名辞典
    - 『講談社日本人名大辞典』『日本人名大事典』『コンサイス日本人名事典』『全国各種団体名鑑』「聞蔵Ⅱビジュアル」「G-Search」「日経テレコン」「researchmap」など
  - 人物事典
    - 『現代人物事典』『朝日日本歴史人物事典』など
- ある人物が著した／について書かれた情報
  - 人物文献索引
    - 『近現代日本政治関係人物文献目録』『日本人物文献目録』など
  - 人物書誌
    - 『大宅壮一文庫雑誌記事人物索引』など
- 人物事典を探すためのレファレンスツール
  - 人名索引
    - 「日本人名情報索引(人文分野)データベース」「WhoPlus」など

人物情報を探すには

- G-Search「人物情報横断検索」（有料）
  - 日本国内で最大級の人物データベース
  - G-Search 提供の「人物データベース」「聞蔵Ⅱ：人物データベース」「日外アソシエーツ現代人物情報」「読売人物データベース」「ダイヤモンド役員・管理職情報」「東京商エリサーチ経営者情報」を横断して検索
- 日経テレコン「人物・人事情報」（有料）
  - ビジネスパーソン，議員や著名人などの情報や，企業の人事情報を調べる
  - 「日経WHO'S WHO」「東京商エリサーチ経営者情報」「ダイヤモンド役員・管理職情報」「朝日新聞人物データベース」「読売人物データベース」を収録

人物情報を探すには（続き）

- 科学技術振興機構J-Global「研究者を探す」
  - 国内の大学・公的研究機関・研究所に所属する研究者の氏名，所属機関，研究テーマ，発表論文などの研究者情報
  - あるテーマに関連する研究者を手がかりに，関連する国内の研究者や関連情報をたどる

人物情報／企業・団体情報を探すには

- 東洋経済デジタルコンテンツ・ライブラリー「企業情報」（有料）
  - 『会社四季報』，『外資系企業総覧』などの刊行物に掲載されている情報を検索できる
- G-Search「企業情報」（有料）
- Yahoo!ファイナンス「企業情報」
  - 会社概要，株価指数，決算に関する情報など，『会社四季報』のデータを調べられる

例題1

身近な図書館で利用できるデータベースを使って,「あなたの住んでいる自治体(市や県など)出身で現在活動している作家」の情報を調べてみよう。
まず使用するデータベースの検索機能(利用可能な論理演算,一致検索の指定,索引語の入力方法,二次検索方法等)を確認し,下記に沿ってまとめなさい。

(1)使用したデータベース
(2)検索項目と検索語
(3)検索結果の詳細

例題1:解答例

(1)使用データベース
G-Search,日経テレコンなど,何を使っても良い。
(2)検索項目と検索語
各データベースでの検索機能を活用し,自治体を絞り込んだり,活動分野を絞り込んで検索する。スライドの「検索語の工夫」での説明をふまえて,人名の表記に気をつける。
(3)検索結果の詳細
検索結果詳細表示で出てきた情報を記載する。

人物文献索引

- 近現代日本政治関係人物文献目録
  - 国立国会図書館所蔵の和図書から,明治期以降,政治の分野で活躍した日本人に関する文献を選択
  - 人物名,本のタイトルなどから関連文献を検索
  - 書誌情報に加え,人物情報,記事情報(記事の題名,関係するページ数,肖像・年譜・家系図の有無など)も採録
- 日本人物文献目録(有料)
  - 日本人の伝記に関する文献を収録
  - 古代から現代までの人物3万人に関する,明治初年から昭和41年までに刊行された12万件の文献名,著編者名,刊年の目録
  - JapanKnowledge(有料)で利用可
- 大宅壮一文庫雑誌記事人物索引(有料)
  - Web OYA-bunko分類別検索:人名検索,職業別人名検索,職業ジャンル検索

近現代日本政治関係人物文献目録：概要

- 国立国会図書館所蔵の伝記関係の資料を検索できるようにした索引から，政治関係者についてまとめた『近代日本政治関係人物文献目録』と，その続編『国立国会図書館所蔵 近代日本政治関係人物文献目録1985－1997』，さらに1998年以降の新しいデータを加えてデータベース化
- 国立国会図書館「リサーチナビ」でアクセス
- 採録対象の人物
  - 天皇（明治・大正・昭和），閣僚，国会議員，帝国議会議員，元老院議官，枢密顧問官，政党の指導者，外交官（大使），行政官（本省局長以上），陸海軍人（将官以上，また佐官以下の軍人でも政治に影響力をもった歴史的人物），都道府県議会議員，自治体の知事，市長，最高裁判所判事，最高検察庁検事総長，その他思想家など

近現代日本政治関係人物文献目録：概要（続き）

- 採録対象の文献
  - 自伝，他伝，回想録，日誌，日記，追悼録，逸話・随筆・評論・紀行文・遺稿集・講演集・国会報告類のうち伝記的要素を含んでいるもの（人物研究を中心とするもの）を目次などから採録
  - 著作については，伝記的要素，政治活動が記述されているものを適宜採録
  - 原則として関係するページが3ページ以上あるもの
- 検索
  - 人名，書名から関連文献を検索できる
  - 姓名の間はあけない
  - できるだけ新字を使う。読みはカタカナで入力

人名索引

- 人物情報を得るために有用なツールを調べるためのツール
  - 日本人名情報索引（人文分野）データベース
    - "国立国会図書館所蔵の和図書・和雑誌から，日本人の人名情報（略歴等）を収録する人名辞典及びそれに類する資料を選び，書誌や収録内容のキーワードからの検索が可能"
    - 『日本人名情報索引 改訂増補版』1990年を引き継ぐ
  - WhoPlus（有料）
    - あらゆる分野の著名人のプロフィールを収録する「WHO（人物情報）」や，「人物レファレンス事典」など，日外アソシエーツの"人物情報コンテンツ"を横断検索できる人物データベース

日本人名情報索引（人文分野）データベース：概要

- 国立国会図書館所蔵の和図書・和雑誌から選定された人名情報に関する資料中の書誌や収録内容のキーワードによる検索が可能
- 国立国会図書館「リサーチナビ」でアクセス
- 採録対象
  - 何らかの事績を残した個人についての基本情報（生没年，略歴など）が直接得られる資料を対象
  - 原則として10 名以上の日本人の人名情報を収録する資料
- 検索
  - 人名は漢字表記形のみで，読みでは検索不可
  - 姓名の間は空けない
  - 書誌や収録内容のキーワードからの検索が可能
  - 資料の種類，分野，地域，収録年代，索引・肖像の有無の指定可

例題2

絵本作家についての人物情報がわかる資料を探したい。複数の人物についての情報が得られる資料を見つけるにはどうしたらよいか。

例題2：解答例

- リサーチナビから「日本人名情報索引（人文分野）」にアクセスして，
- キーワードに “絵本” “作家”と入力して検索するとよい。
- “絵本作家”では，『絵本の作家』というタイトルの資料が検索されない。

- 上記の検索結果から，書誌情報を確認して，OPACなどで「絵本作家--日本」による件名検索をすることも可能。

WhoPlus：概要

- 日外アソシエーツの「WHO(人物情報)」，『人物レファレンス事典』などの人名索引，写真索引などを横断検索できるデータベース（下記参照）
- WHOのみの検索も可
- 週2回更新。情報登録件数は延べ61万件（2014年時点）
- 典拠の不確かな情報を確認
- 本人への確認をベースにしたアンケート方式を採用し，個人情報保護法に対応
- 収録データベース
  - WHO，人物レファレンス事典，追悼記事索引1991-2005，美術作品レファレンス事典 人物・肖像篇，写真レファレンス事典 人物・肖像篇，日外選定公式URL集

WHO：検索機能

- 検索方法（各検索モードで機能が異なる）
  - 人名検索
    - 本名，筆名，別名などの人名，グループ名，読みから検索
    - 性別，現存者・物故者，日本人・外国人，を選択可
    - 中黒，長音などの記号は無視
    - 姓名の間はあけない
    - 完全一致検索の場合はフルネームで検索する
  - 全文検索
    - 経歴情報すべて（文献情報は含まない）を任意一致検索
    - NOT検索専用の検索語入力ボックスあり（このボックスだけの検索不可）
  - キーワード検索
    - 経歴情報（人名，経歴，略歴）のキーワードを検索
    - 同義語にも対応
  - その他
    - 活動分野，肩書名，生没年月日（西暦半角数字で入力），出身（生）地，勤務先名称，連絡先，出身校名，国籍を選択または指定

WHO：詳細検索画面

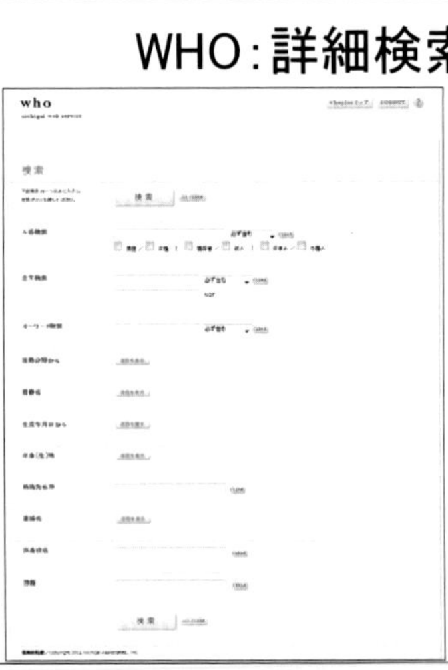

人名，全文，キーワード検索の他に，8項目の条件設定ができる
いずれかの項目一つ以上に入力すればよい

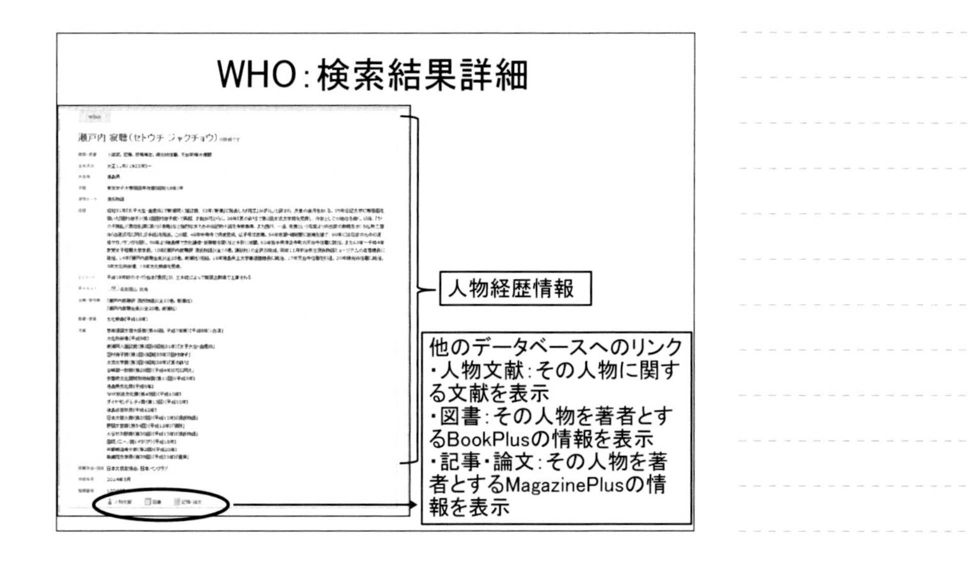
WHO：検索結果詳細
瀬戸内 寂聴（セトウチ ジャクチョウ）
人物経歴情報
他のデータベースへのリンク
・人物文献：その人物に関する文献を表示
・図書：その人物を著者とするBookPlusの情報を表示
・記事・論文：その人物を著者とするMagazinePlusの情報を表示

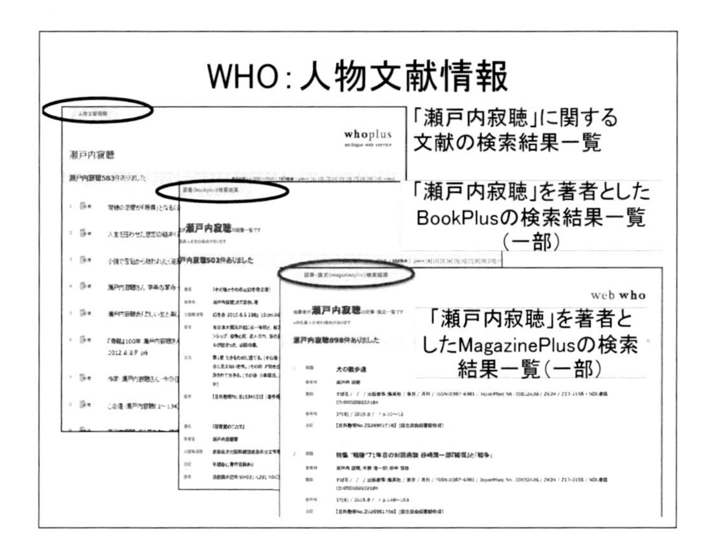
WHO：人物文献情報
「瀬戸内寂聴」に関する文献の検索結果一覧
whoplus
瀬戸内寂聴
「瀬戸内寂聴」を著者としたBookPlusの検索結果一覧（一部）
瀬戸内寂聴
web who
「瀬戸内寂聴」を著者としたMagazinePlusの検索結果一覧（一部）

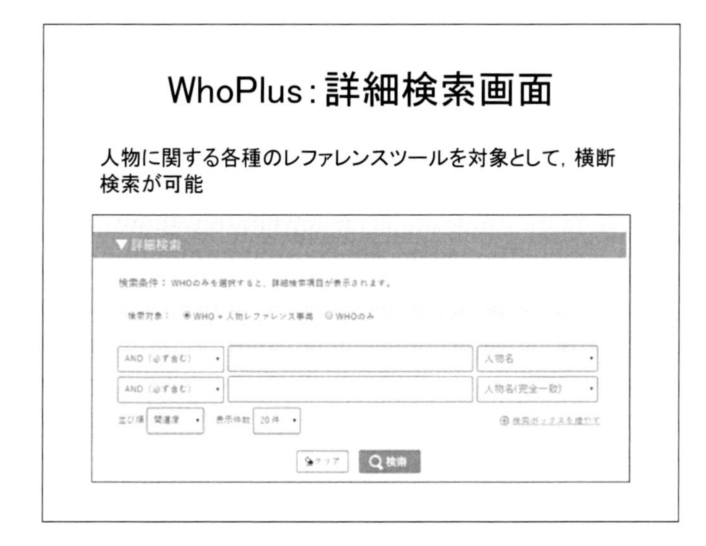
WhoPlus：詳細検索画面
人物に関する各種のレファレンスツールを対象として，横断検索が可能
▼詳細検索
検索条件：WHOのみを選択すると，詳細検索項目が表示されます。
検索対象：WHO＋人物レファレンス事典 WHOのみ
AND（必ず含む）
人物名
人物名(完全一致)
並び順 関連度 表示件数 20件
検索ボックスを増やす
クリア
検索

WhoPlus：各データベース結果詳細（一部）

『人物レファレンス事典』："瀬戸内寂聴"についての情報が得られる文献の一覧を表示

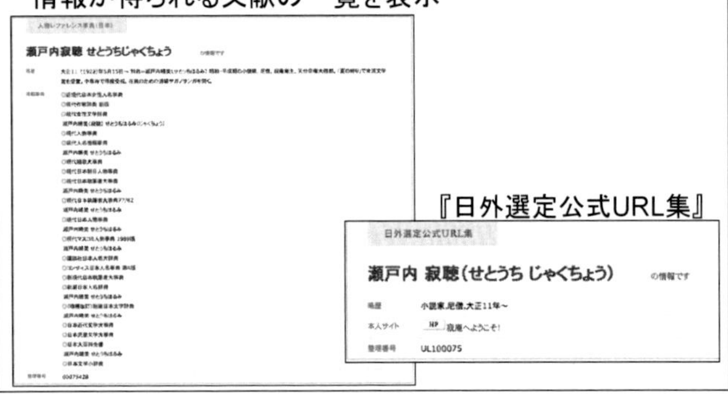

例題3

現在活躍している日本人女性の写真家に関する情報がほしい。どのような資料を調べればよいかが知りたい。(1)から(4) に沿ってまとめなさい。

(1) 当該質問に対して適切と思われるツールの種類
(2) 実際に使用したデータベース
(3) 検索時での検索項目，検索語，検索条件の設定
(4) 検索結果の詳細

例題3：解答例

(1) 人についての何らかの属性に関する情報から調べるので，人物事典を使う

(2) 使用したデータベース

人物の属性をもとに，条件設定を詳細にして検索したいので，「日本人名情報索引（人文分野）データベース」を利用した。

(3) 検索項目，検索語，検索条件の設定

検索条件：分類（一般）　［女性］
　　　　　分類（分野別）［写真］
　　　　　収録年代　　　［現代］

(4) 検索結果の詳細

2件見つかった（2016年5月時点）ので，その情報を記載。

第12章
公的資料を調べる①
法令・判例情報

この章では，公的資料とその探し方について学びます。第２章の情報の種類と特徴で学んだように，公的資料とは，政府機関が世の中の状況や変化，政策等の取り組みの結果を報告としてまとめた資料群を指します。公的資料はさまざまな政府機関から出されますが，ここでは公的資料として，官報，議事録，法令集，判例集，政府統計，白書を取り上げ，それらがどこで提供され，どのように検索可能かを説明します。この章では，まず法令・判例情報について説明します。

法令検索

- 法令とは
  - 法令は，国が定める法律だけでなく，政令・府省令，条例，規則等を含む用語
- 法律が制定されるまでの流れ
  - 国会への法案の提出
  - 国会での審議
  - 『官報』による公布

法案を調べる：衆議院ウェブサイト

「立法情報」をクリック

2019年11月14日に衆議院に提出された，大学入学共通テストで導入される記述式中止法案を調べる

「議案」をクリック

法案を調べる：
衆議院ウェブサイト（続き）

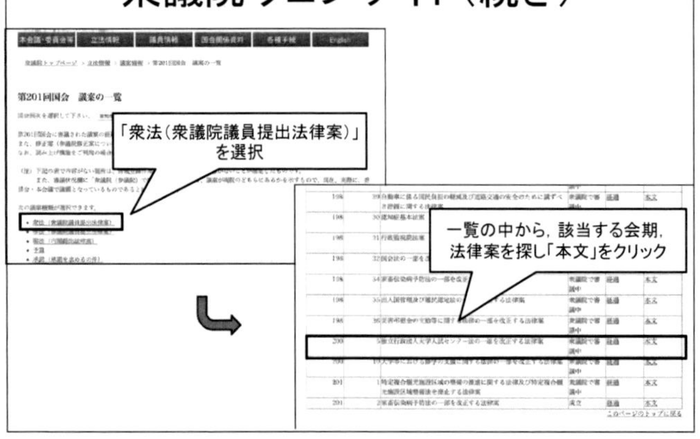

法案を調べる：
衆議院ウェブサイト（続き）

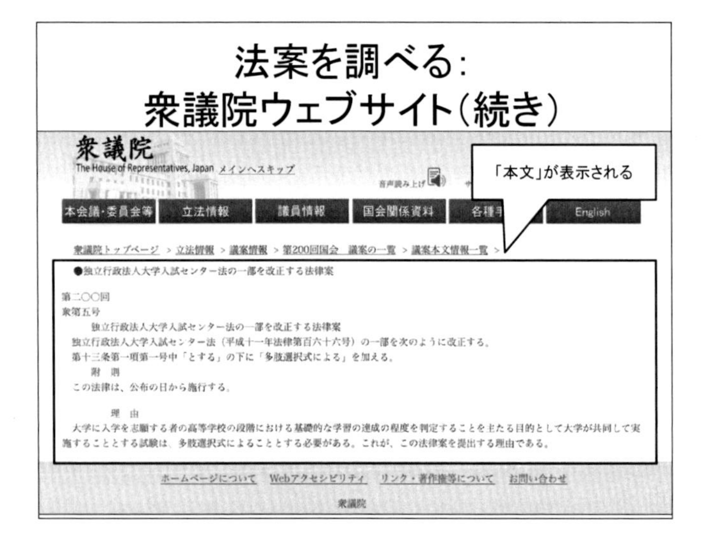

●独立行政法人大学入試センター法の一部を改正する法律案

第二〇〇回
衆第五号
独立行政法人大学入試センター法の一部を改正する法律案
独立行政法人大学入試センター法（平成十一年法律第百六十六号）の一部を次のように改正する。
第十三条第一項第一号中「とする」の下に「多肢選択式による」を加える。
附 則
この法律は，公布の日から施行する。
理 由
大学に入学を志願する者の高等学校の段階における基礎的な学習の達成の程度を判定することを主たる目的として大学が共同して実施することとする試験は，多肢選択式によることとする必要がある。これが，この法律案を提出する理由である。

国会の議事録を調べる：
国会会議録検索システム

- 国立国会図書館提供
- 衆参両院の本会議，各種委員会の議事録を提供
- キーワード，回次，発言者等から検索可能
- 帝国議会時代の会議録から公開されている

審議の経過を調べる:
国会会議録検索システム

国会会議録検索システム

「詳細検索」をクリック

「2018年12月6日」を指定し,
「表示する」をクリック
回次は自動で表示される

2018年12月6日, 衆議院本会議での立憲民主党初鹿明博氏の発言を調べる

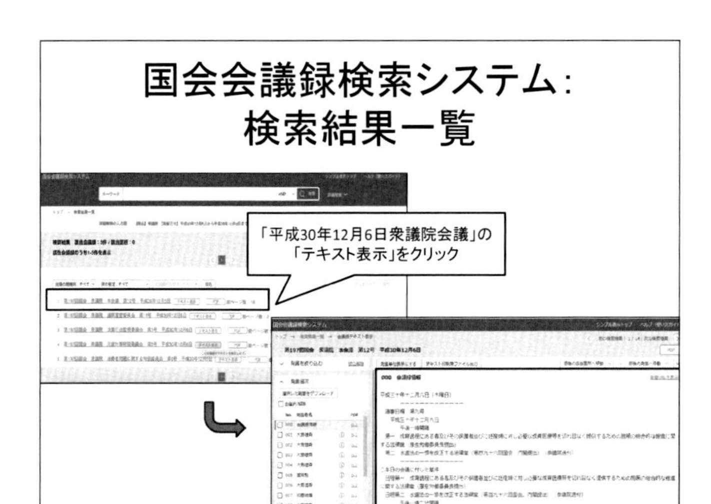

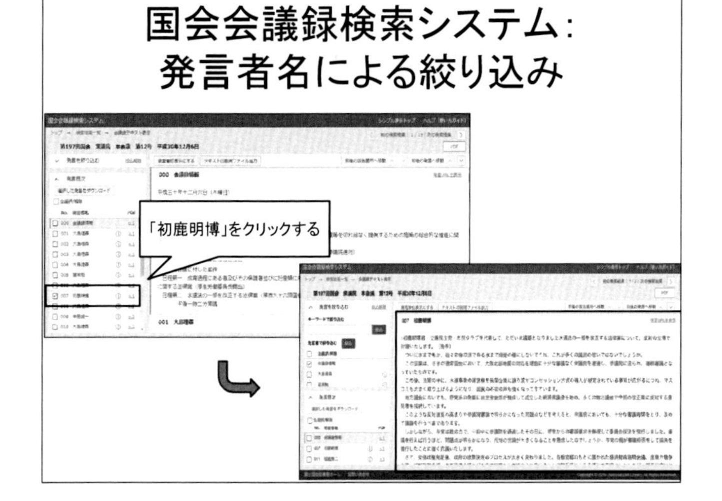

法律の公布:『官報』

官報

太政官文書局

『官報』とは

- 国の機関紙で，法律，政令，条約等が公布される
  - 法令の内容を最も早く知ることができる。行政機関の休日を除き，毎日発行される
  - 『本紙』は32ページで，32ページを超えると『号外』が発行される
- 法令の公布のほかに，
  - 国の機関からの広く周知するべき広報事項（議事日程，人事異動，叙位叙勲，閣議決定の資料など），各府省の入札公告，裁判所からの破産・禁治産宣告などの公告も掲載される
- インターネット版には，無料版，有料版がある

法令を調べる:『インターネット版官報』

『インターネット版官報』（無料）
30日間分の官報が閲覧可能。検索機能はない

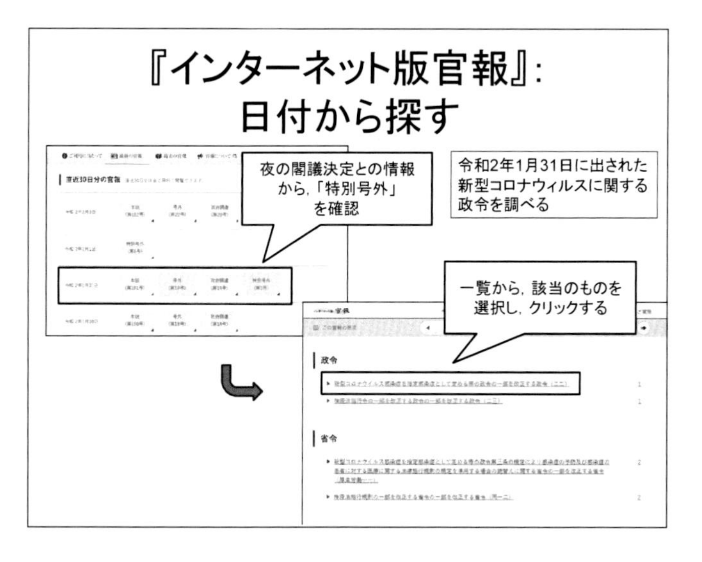
『インターネット版官報』:
日付から探す
夜の閣議決定との情報から,「特別号外」を確認
令和2年1月31日に出された新型コロナウィルスに関する政令を調べる
一覧から,該当のものを選択し,クリックする

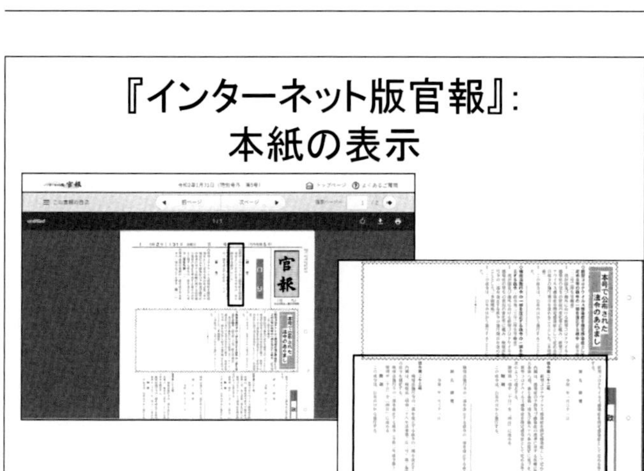
『インターネット版官報』:
本紙の表示

法令を調べる:
官報情報検索サービス
官報情報検索サービス
「官報情報検索サービス」は,昭和22年5月3日から直近までの官報の内容を,日付やキーワードを指定して検索・閲覧できる会員制有料サービスです。
ログイン
パスワードを忘れた場合
『官報情報検索サービス』(有料)
• 冊子版官報購読者は無料
• 昭和22年5月3日以降の官報が閲覧可能
• 日付検索・キーワード検索が可能

法令のデータベース:
e-Gov:電子政府の総合窓口

- 総務省行政管理局提供
- 各府省庁が,『官報』の内容を確認して掲載
- 『官報』の内容と異なる場合には,『官報』が優先される
- 法令名中の語,五十音,事項,法令番号,法令の本文に使用されている用語から検索することができる
- 法令名の検索では,略称からも検索可能

法令のデータベース:
e-Gov:電子政府の総合窓口(続き)

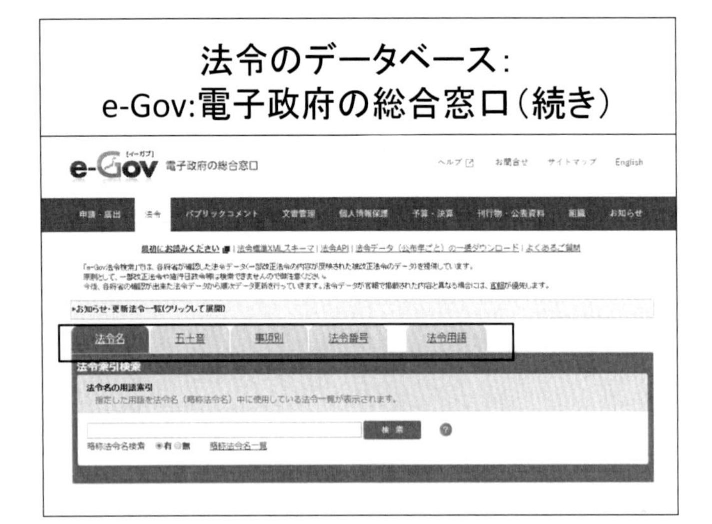

e-Gov:電子政府の総合窓口:
キーワードの入力

複数のキーワードを入力する場合は,
スペースで区切って入力します

e-Gov:電子政府の総合窓口:検索結果の表示

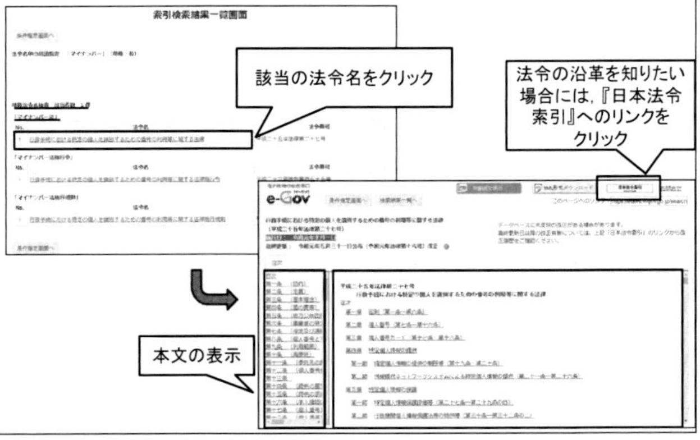
索引検索結果一覧画面
該当の法令名をクリック
法令の沿革を知りたい場合には,『日本法令索引』へのリンクをクリック
e-Gov
本文の表示

法令の沿革の表示(日本法令索引)

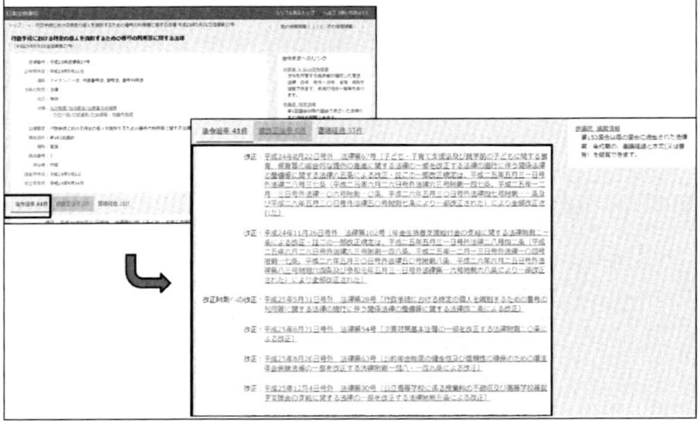

法令を調べる:日本法令索引

- 国立国会図書館作成
  - 明治19(1886)年2月以降に公布された法令について,法令名,公布年月日,法令番号,法令沿革(制定,改正,廃止の経過等),被改正法令等を収録
  - 法案は,件名,提出回次,提出番号,提出者,審議経過等を収録
  - 現行法令,改正法令,廃止失効法令も検索可能
  - 憲法・法律,条約,政令などの形式を限定した検索が可能

日本法令索引の活用

- 以下のような検索が可能
  - 特定の事項についての法案・法令が見たい
  - 特定の法令の改正経過を知りたい
  - 特定の回次の提出法案を見たい
  - ある分野に関する現行法令にどのようなものがあるか見たい
  - 特定の年の国会で成立した法令の一覧を見たい

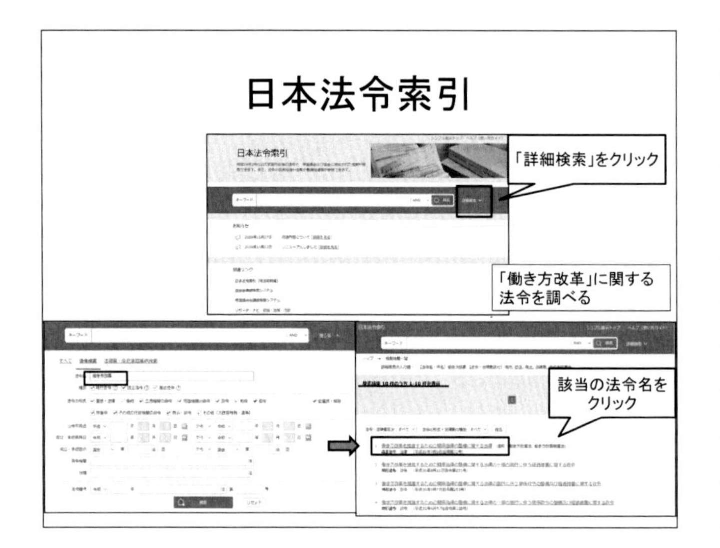

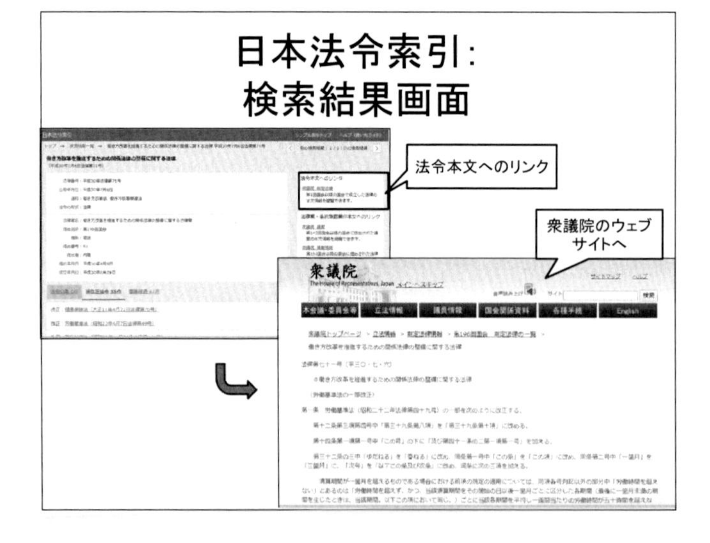

日本法令索引:
法案を表示する

法案へのリンク

衆議院のウェブサイトへ

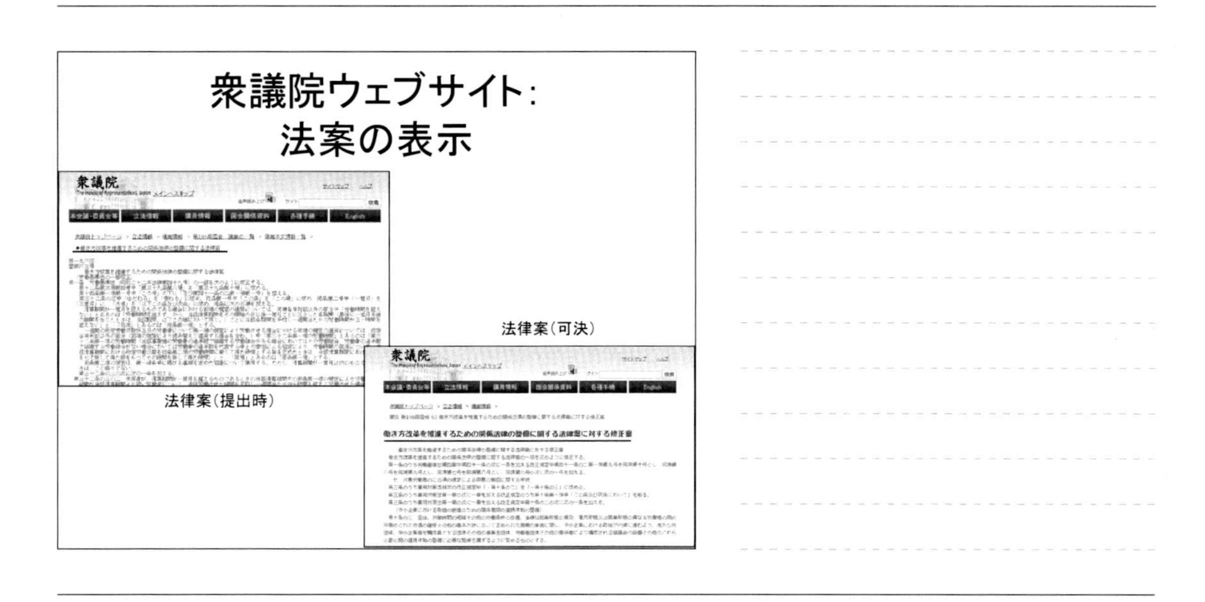

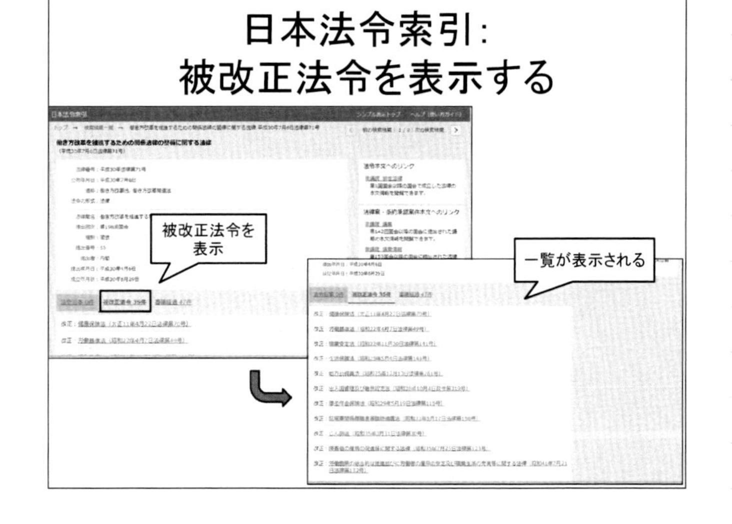

日本法令索引:
審議経過を表示する

審議過程を表示

テキスト，または
PDFをクリック

判例検索

- 判例とは:
  裁判において，裁判所が示した法律的判断のこと
- 判例が掲載されるメディア
  - 判例集
  - 判例雑誌
  - **判例データベース（有料，無料）**

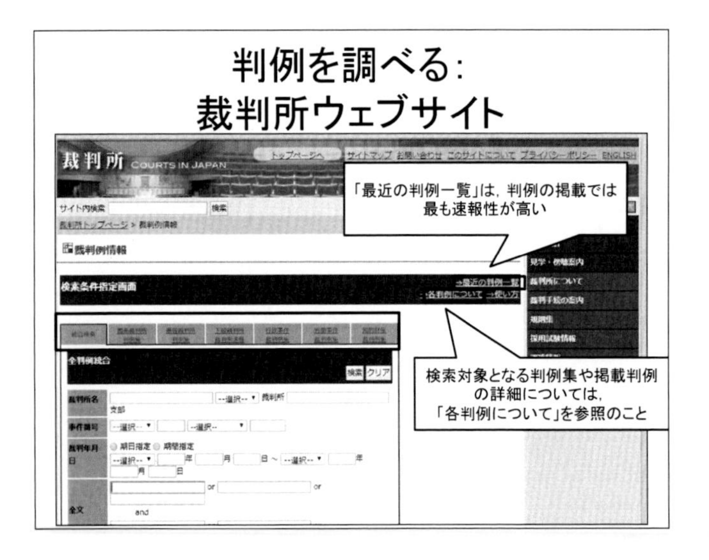

裁判所ウェブサイト:
キーワード検索

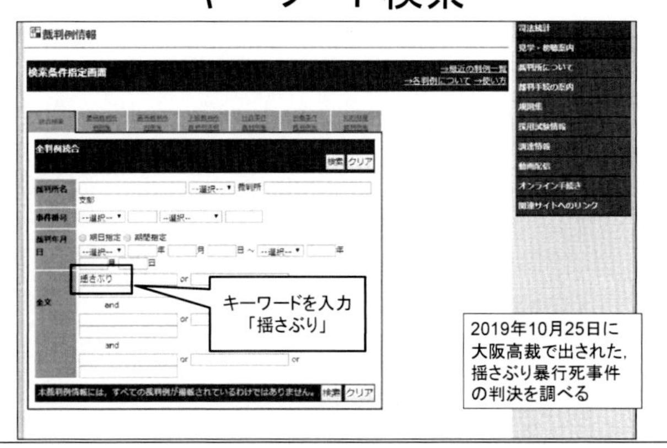

裁判所ウェブサイト:
検索結果の表示

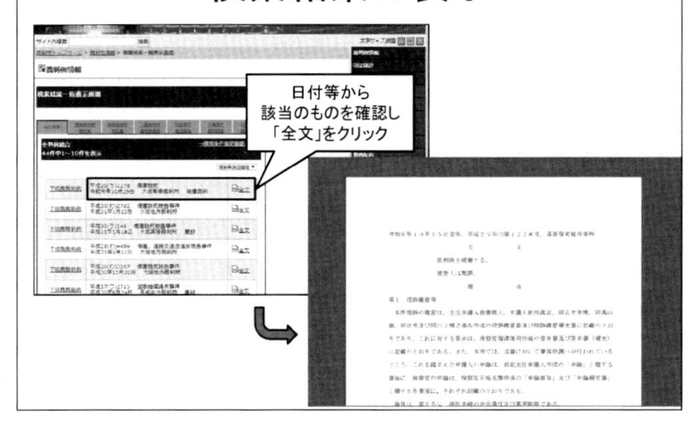

判例を調べる:
有料データベース

- 『D1-law.com』（有料）
  - 判例要旨・論点，法律条文による判例検索と，それらを解説した法律文献情報を提供
- 『TKCローライブラリー』（有料）
  - 明治8年の大審院判例から今日までの判例と法令，関連する文献情報の相互検索が可能

例題

2019年1月1日より施行された改正著作権法について，法案，審議経過，本文を調べよう。

＊法律が公布された年については，インターネット等で下調べを行うこと。

例題：解答例

下調べにより，改正著作権法は2018年に公布されたことがわかる。

『日本法令索引』を利用し，公布年月日を2018年に限定し，法令名・件名に「著作権」と入力して検索する。ヒットした中から，「著作権法施行令の一部を改正する法律」を選択する。法令本文へのリンクにより，衆議院 制定法律から本文を入手。法案は法律案・条約承認案件本文へのリンクから，衆議院，参議院のそれぞれに提出された法案を確認する。審議過程については，審議経過のリンクから，26回分の会議録を閲覧することができる。

第13章
公的資料を調べる②
統計情報

この章では，公的資料のうち，政府統計と白書の検索について説明します。

政府統計を探すには

- 統計は，それらを所管する各府省庁のウェブサイトで提供されている
- 統合的に調べるには，総務省統計局が提供する『e-Stat』を利用するのが有用
- ただし，すべての統計が掲載されているわけではないため，掲載されていないもの，最新の情報については，各府省庁のウェブサイトを確認する必要がある

e-Stat：政府統計の総合窓口

e-Stat
政府統計の総合窓口
統計で見る日本
一覧から探す
●統計データを探す
すべて
分野
組織
キーワード検索：
●統計データを活用する
トレンド
地図
地域
利用ガイド
●統計データの高度利用
ミクロデータの利用
開発者向け
●統計関連情報
統計分類・調査項目

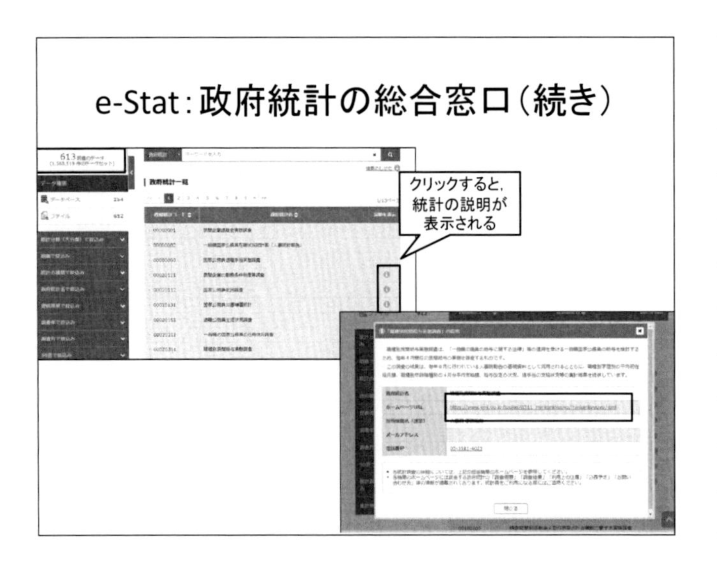
e-Stat：政府統計の総合窓口（続き）
クリックすると，統計の説明が表示される

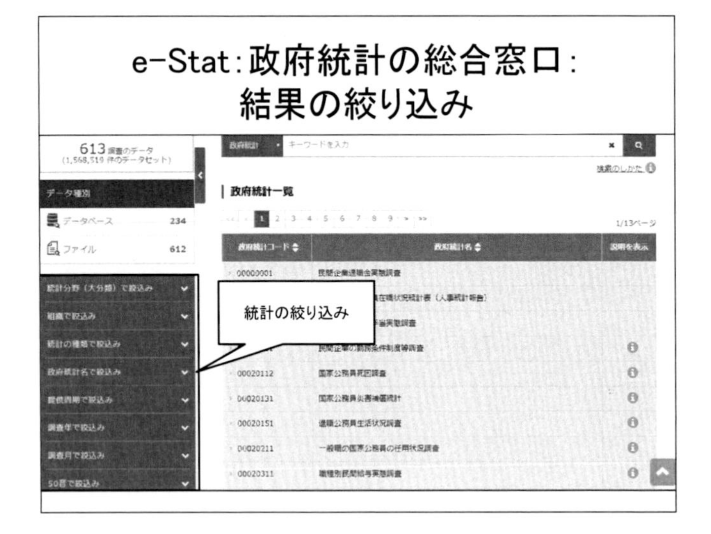
e-Stat：政府統計の総合窓口：結果の絞り込み
613 調査のデータ
データ種別
データベース 234
ファイル 612
政府統計一覧
統計の絞り込み

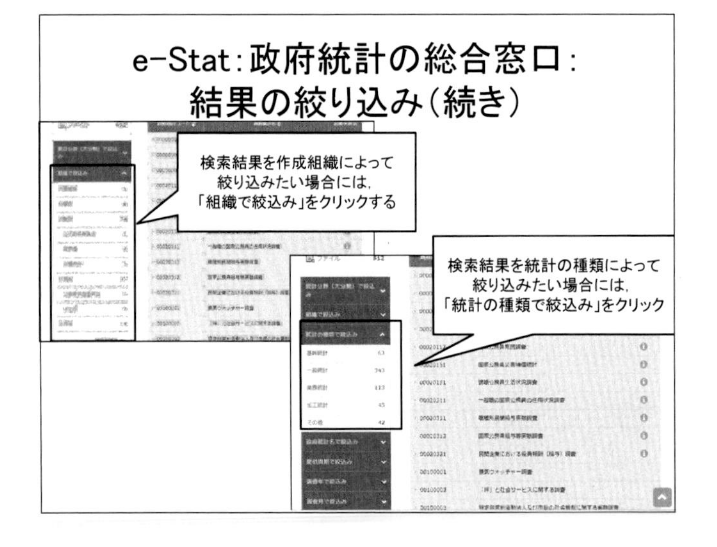
e-Stat：政府統計の総合窓口：結果の絞り込み（続き）
検索結果を作成組織によって絞り込みたい場合には，「組織で絞込み」をクリックする
検索結果を統計の種類によって絞り込みたい場合には，「統計の種類で絞込み」をクリック

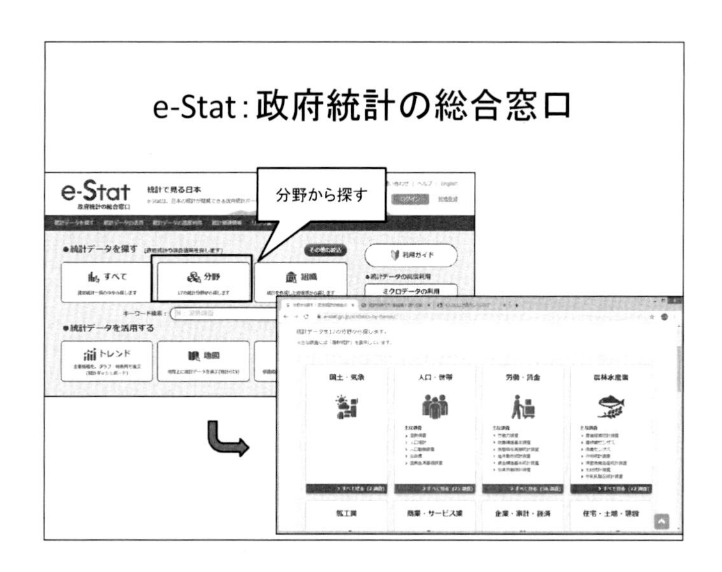
e-Stat：政府統計の総合窓口
分野から探す
国土・気象
人口・世帯
労働・賃金
農林水産業
鉱工業
商業・サービス業
企業・家計・経済
住宅・土地・建設

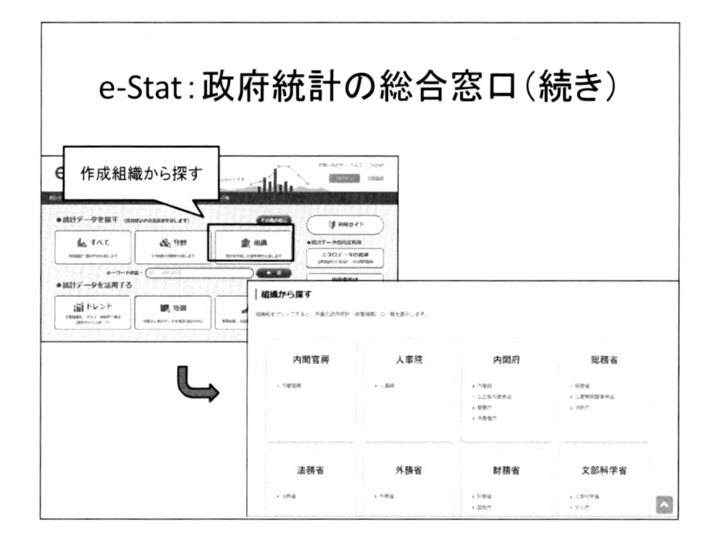
e-Stat：政府統計の総合窓口（続き）
作成組織から探す
組織から探す
内閣官房
人事院
内閣府
総務省
法務省
外務省
財務省
文部科学省

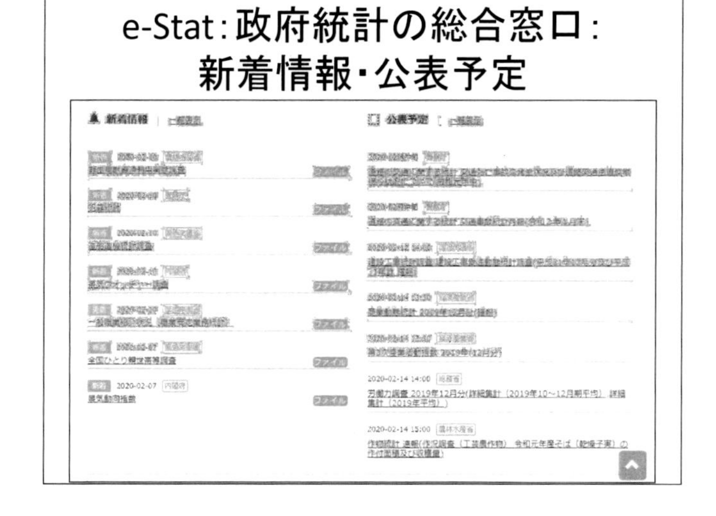
e-Stat：政府統計の総合窓口：
新着情報・公表予定
新着情報
公表予定

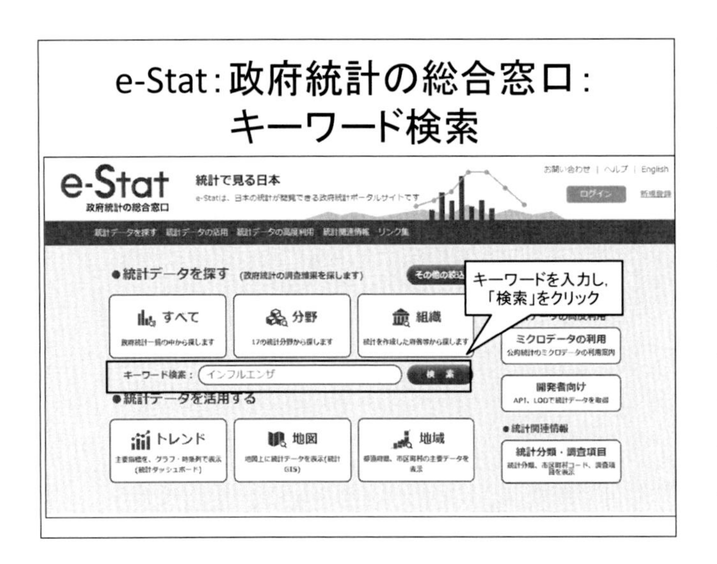
e-Stat：政府統計の総合窓口：
キーワード検索
e-Stat
政府統計の総合窓口
統計で見る日本
●統計データを探す
すべて
分野
組織
キーワード検索：
インフルエンザ
検索
●統計データを活用する
トレンド
地図
地域
ミクロデータの利用
開発者向け
●統計関連情報
統計分類・調査項目
キーワードを入力し，
「検索」をクリック

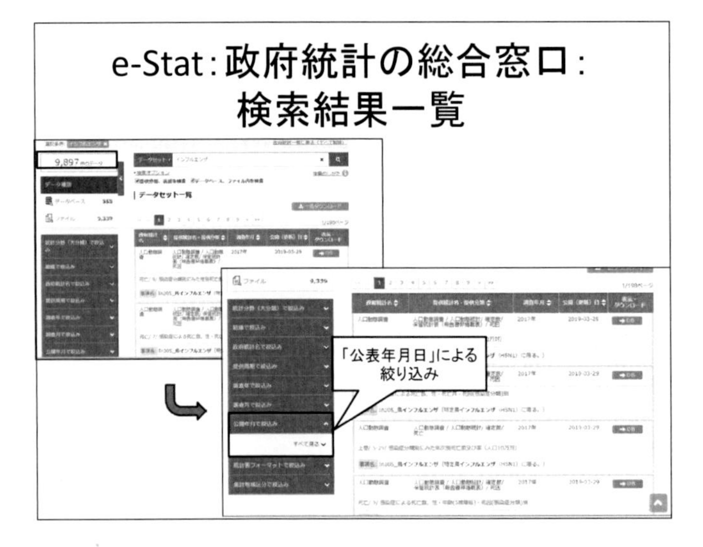
e-Stat：政府統計の総合窓口：
検索結果一覧
9,897
データセット一覧
「公表年月日」による
絞り込み

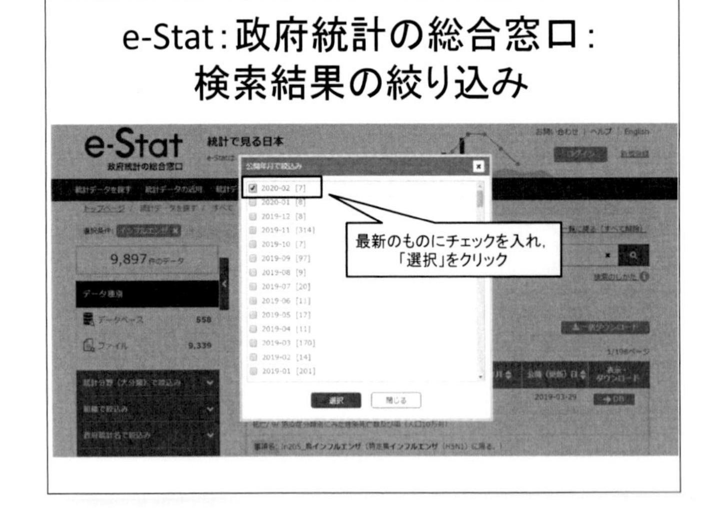
e-Stat：政府統計の総合窓口：
検索結果の絞り込み
e-Stat
政府統計の総合窓口
統計で見る日本
9,897
2020-02 [7]
最新のものにチェックを入れ，
「選択」をクリック
選択
閉じる

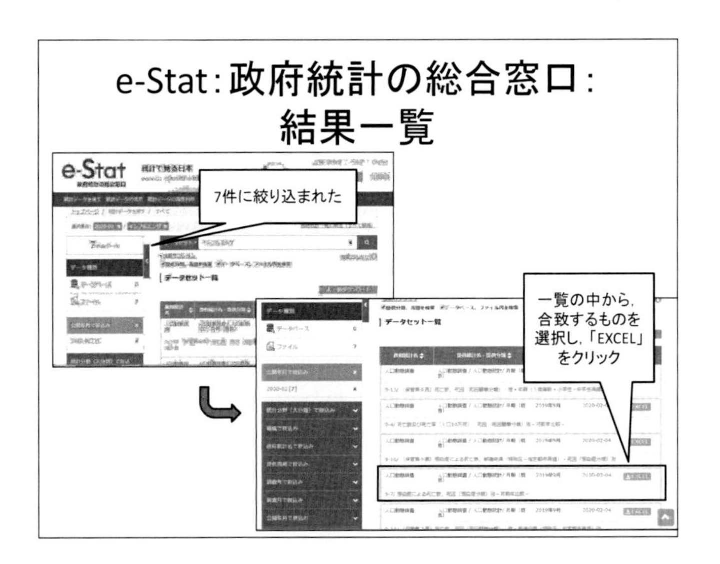
e-Stat：政府統計の総合窓口：
結果一覧
7件に絞り込まれた
一覧の中から，
合致するものを
選択し，「EXCEL」
をクリック

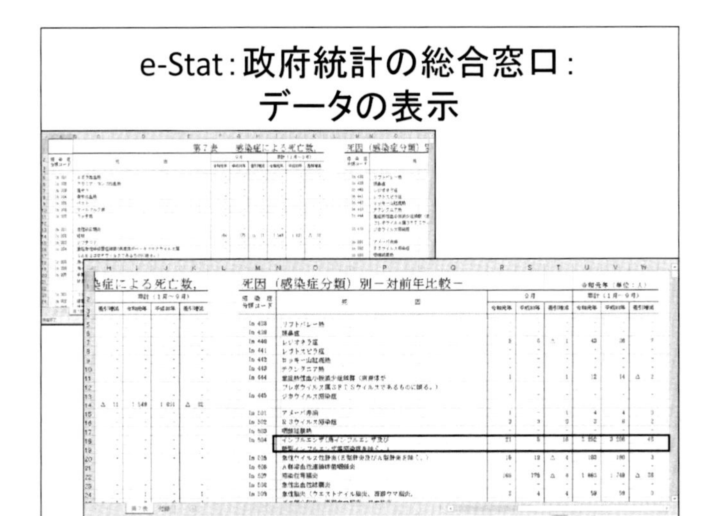
e-Stat：政府統計の総合窓口：
データの表示
死因（感染症分類）別－対前年比較－

最新のデータを調べる：
厚生労働省ウェブサイト
ひと、くらし、みらいのために
厚生労働省
テーマ別に探す
報道・広報
政策について
厚生労働省について
統計情報・白書
所管の法令等
申請・募集・情報公開
中華人民共和国湖北省武漢市における新型コロナウイルス感染症について、こちらをご覧ください。
ハンセン病元患者のご家族に対する補償金制度についてのお知らせがあります。
旧優生保護法による優生手術等を受けた方へお知らせがあります。
災害関連情報
毎月勤労統計調査に係る雇用・労災保険等の追加給付 住所情報等の登録フォーム、雇用保険の簡易計算ツールはか詳しくはこちら
大臣・副大臣・大臣政務官（記者会見等）
社会保障制度改革
「働き方改革」の実現に向けて
年金生活者支援給付金について
児童相談所虐待対応ダイヤル「189」
医療保険のオンライン資格確認について

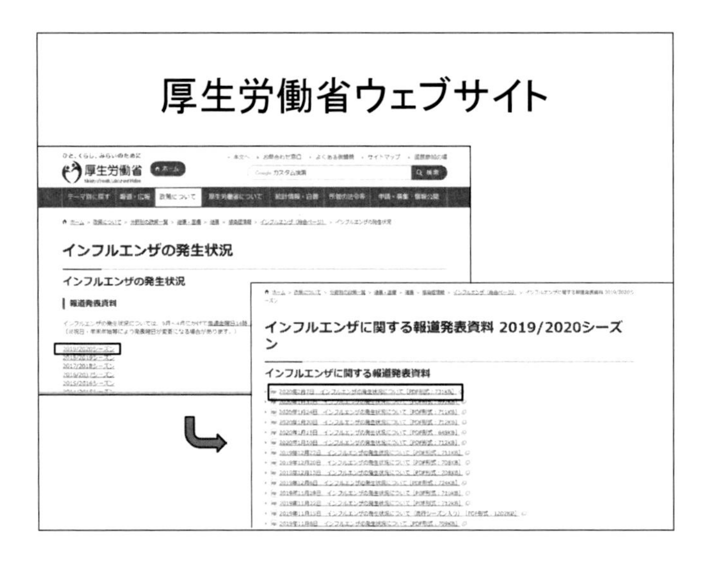
厚生労働省ウェブサイト
厚生労働省
インフルエンザの発生状況
インフルエンザの発生状況
報道発表資料
インフルエンザに関する報道発表資料 2019/2020シーズン
インフルエンザに関する報道発表資料

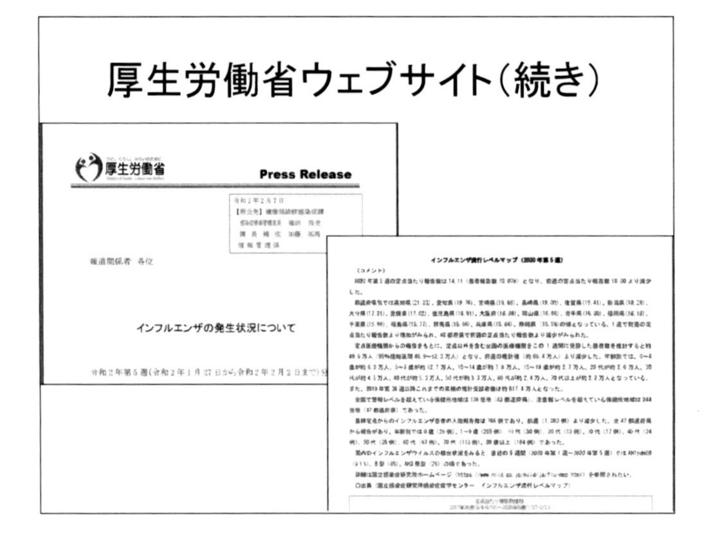
厚生労働省ウェブサイト（続き）
厚生労働省
Press Release
報道関係者 各位
インフルエンザの発生状況について

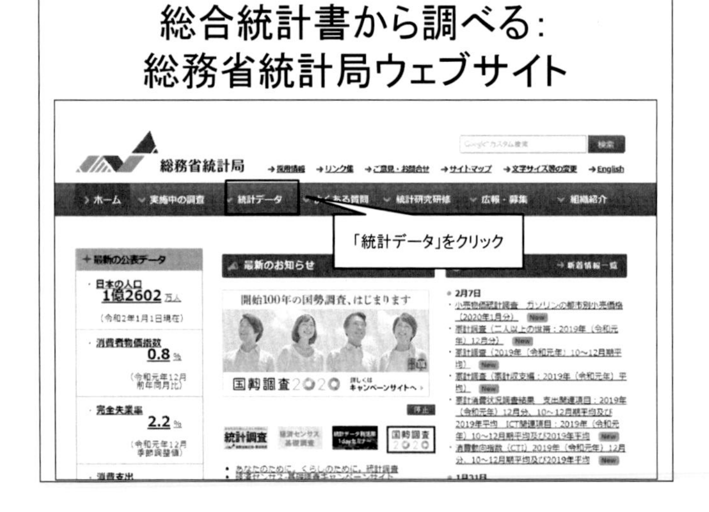
総合統計書から調べる:
総務省統計局ウェブサイト
総務省統計局
ホーム
実施中の調査
統計データ
統計研究研修
広報・募集
組織紹介
「統計データ」をクリック
最新の公表データ
最新のお知らせ
日本の人口
1億2602万人
消費者物価指数
0.8%
完全失業率
2.2%
開始100年の国勢調査、はじまります
国勢調査2020

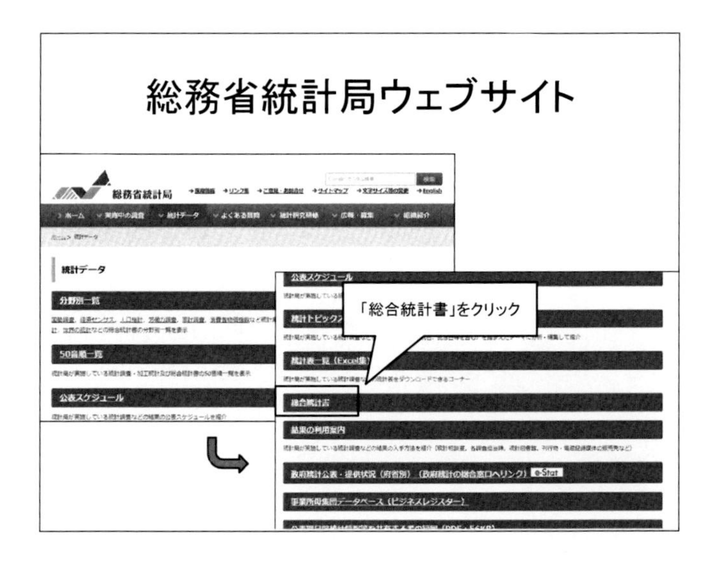

総務省統計局ウェブサイト（続き）

「日本統計年鑑」をクリック

総合統計書等の編集及び提供

各統計書のページからデータをダウンロードできます。

名称	発行（更新）時期	内容
[illegible]	毎年11月刊行	[illegible]
[illegible]	[illegible]	[illegible]
[illegible]	[illegible]	[illegible]ータを取りまとめたものです。
統計でみる都道府県のすがた	毎年2月刊行	社会生活統計指標一都道府県の指標一の中から、主な指標値を選定して、各都道府県の指標が一覧できるように再編成したものです。
統計でみる市区町村のすがた	毎年6月刊行	社会・人口統計体系の市区町村データの中から、主な基礎データを取りまとめたものです。
世界の統計	毎年3月刊行	世界各国の基本統計を選び、各国間の比較が容易になるように編集したものです。国際統計の総合統計書として、毎年刊行しています。
Statistical	毎年9月刊	

『日本統計年鑑』(続き)
目次，またはキーワード検索により，該当ページに飛ぶことができる
ヘルプ
右クリックでページを拡大
日本統計年鑑
JAPAN
STATISTICAL YEARBOOK
Japan

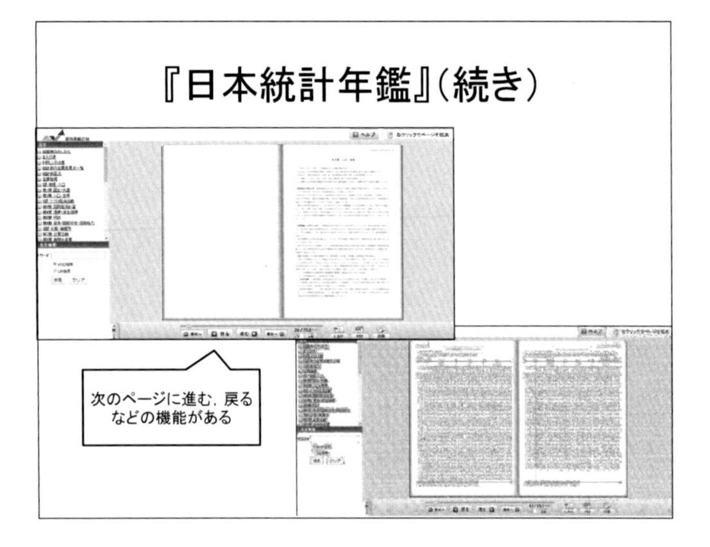
『日本統計年鑑』(続き)
次のページに進む，戻るなどの機能がある

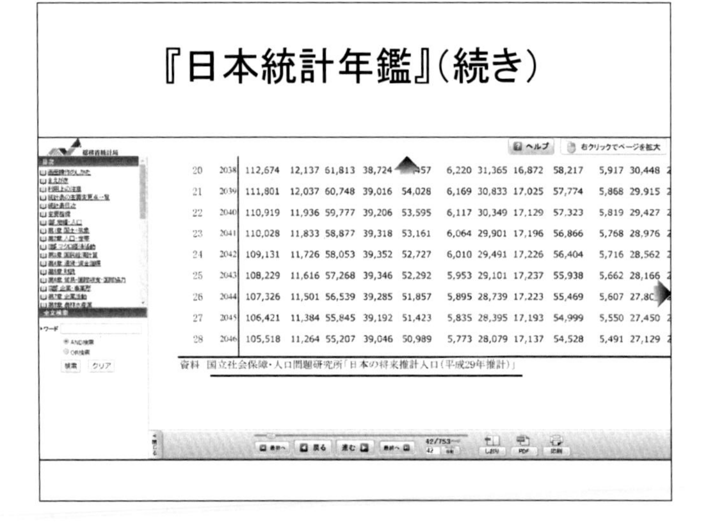
『日本統計年鑑』(続き)
ヘルプ
右クリックでページを拡大
20 2038 112,674 12,137 61,813 38,724 457 6,220 31,365 16,872 58,217 5,917 30,448
21 2039 111,801 12,037 60,748 39,016 54,028 6,169 30,833 17,025 57,774 5,868 29,915
22 2040 110,919 11,936 59,777 39,206 53,595 6,117 30,349 17,129 57,323 5,819 29,427
23 2041 110,028 11,833 58,877 39,318 53,161 6,064 29,901 17,196 56,866 5,768 28,976
24 2042 109,131 11,726 58,053 39,352 52,727 6,010 29,491 17,226 56,404 5,716 28,562
25 2043 108,229 11,616 57,268 39,346 52,292 5,953 29,101 17,237 55,938 5,662 28,166
26 2044 107,326 11,501 56,539 39,285 51,857 5,895 28,739 17,223 55,469 5,607
27 2045 106,421 11,384 55,845 39,192 51,423 5,835 28,395 17,193 54,999 5,550 27,450
28 2046 105,518 11,264 55,207 39,046 50,989 5,773 28,079 17,137 54,528 5,491 27,129
資料 国立社会保障・人口問題研究所「日本の将来推計人口(平成29年推計)」
42/753

白書

- 政府機関が，政治経済社会の実態，および施策の現状について国民に周知させることを目的として刊行する年次報告書
- 各府省庁から，年に1回発行される
- 白書（年次報告書）は，法律により，国会への提出が義務付けられている

白書のリンク集
：e-Gov

e-Gov [イーガブ] 電子政府の総合窓口

ヘルプ　お問合せ　サイトマップ　English

政府に関する情報を提供します
申請・届出等の手続や、政策に対する意見の提出ができます

行政機関等ホームページ検索

Google カスタム検索

重要なお知らせ

2020年1月22日　e-Gov更改のお知らせ（2020年9月末）

申請・届出　法令　パブリックコメント

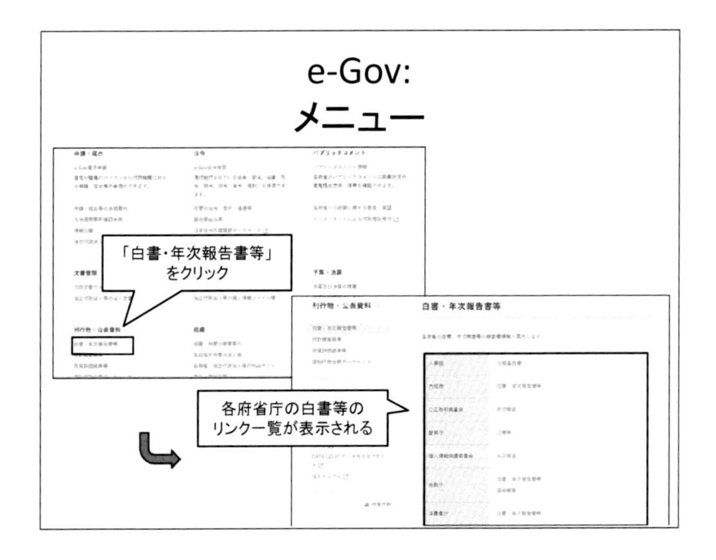

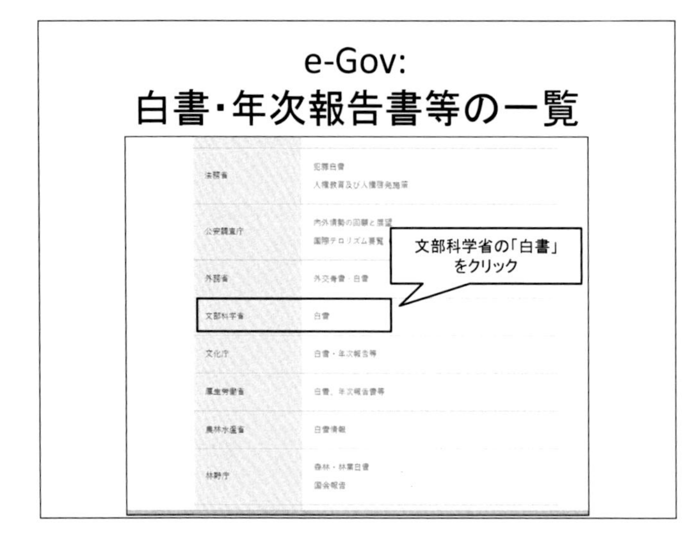
e-Gov:
白書･年次報告書等の一覧
文部科学省の「白書」
をクリック
文部科学省
白書

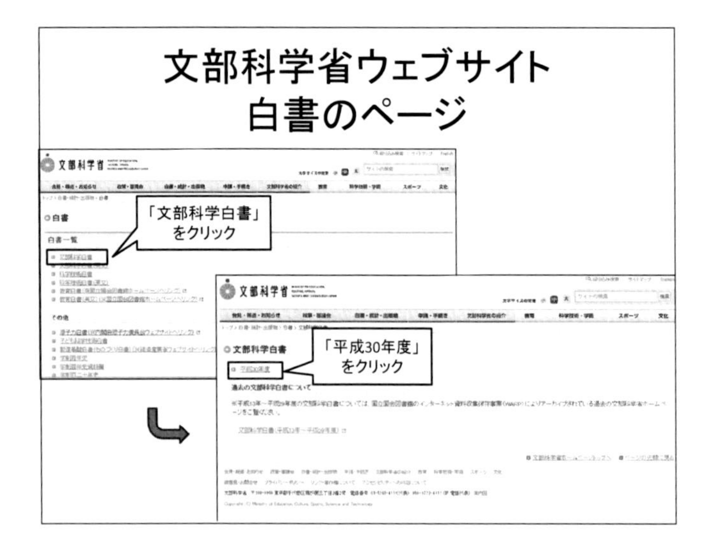
文部科学省ウェブサイト
白書のページ
文部科学省
「文部科学白書」
をクリック
文部科学白書
「平成30年度」
をクリック

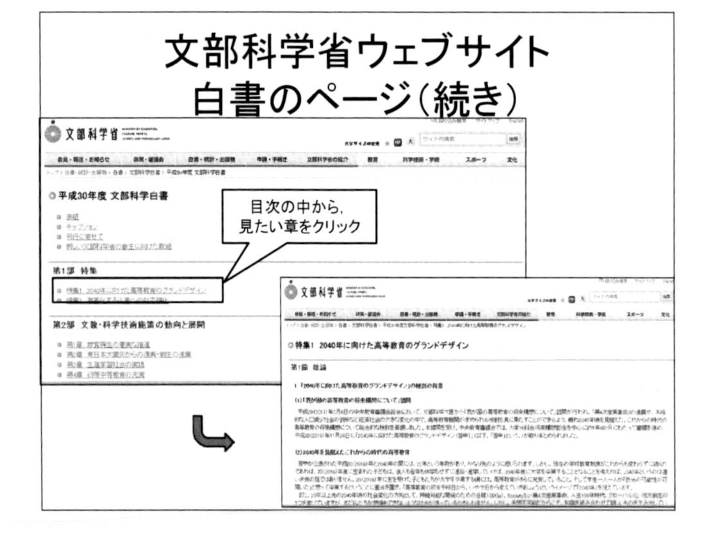
文部科学省ウェブサイト
白書のページ（続き）
文部科学省
平成30年度 文部科学白書
目次の中から，
見たい章をクリック
第1部 特集
第2部 文教・科学技術施策の動向と展開
特集1 2040年に向けた高等教育のグランドデザイン

文部科学省ウェブサイト 白書のページ(続き)

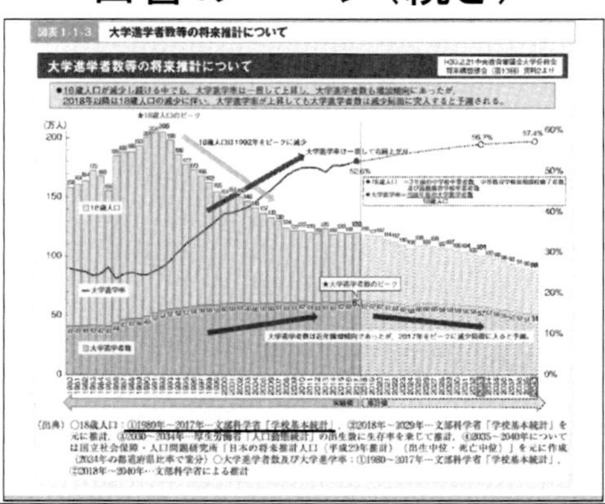

例題

・青少年のインターネット利用状況についての統計を探してみよう。

解答例

- イースタットのキーワード検索で，「インターネット　利用」と入力して検索する
- 検索結果の中から，青少年のインターネットの利用環境実態調査を選択
- 最新の平成29年度のファイルをクリックし，必要項目のCSVをクリックするとデータが得られる

第14章
インターネット情報を調べる

検索結果は，アルゴリズムによって適合度が高いと判断された順に表示されます。検索結果は，該当するウェブページのタイトル，URL，概要が表示されます。他の検索エンジンでもこの３つが表示されることが標準です。

検索エンジンとは

- インターネット上の情報を検索するためのプログラム
- 検索語を入力することで，情報を探すことができる

例） Google，Yahoo!，Bing

検索エンジンの仕組み

- クローラと呼ばれるソフトウェアが，ウェブ上を定期的に巡回し，ウェブページの情報を収集する
- 収集された情報はサーバーに格納され，索引される
- 検索を行うと，各検索エンジンに独自のアルゴリズム（計算プログラム）によって，関連度順にランキングされたウェブページのリストが表示される

Google:検索画面
Google
Google 検索
I'm Feeling Lucky

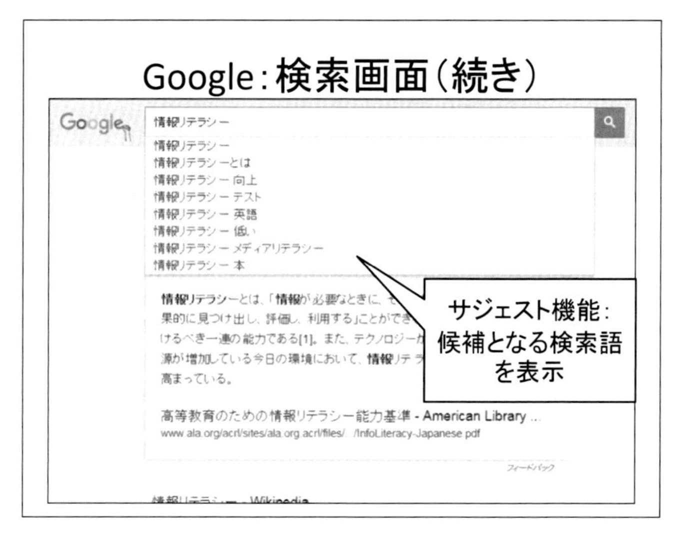

Google:検索画面(続き)
Google
情報リテラシー
情報リテラシー
情報リテラシーとは
情報リテラシー 向上
情報リテラシー テスト
情報リテラシー 英語
情報リテラシー 低い
情報リテラシー メディアリテラシー
情報リテラシー 本
サジェスト機能:
候補となる検索語
を表示
高まっている。
高等教育のための情報リテラシー能力基準 - American Library ...
www.ala.org/acrl/sites/ala.org.acrl/files/.../InfoLiteracy-Japanese.pdf

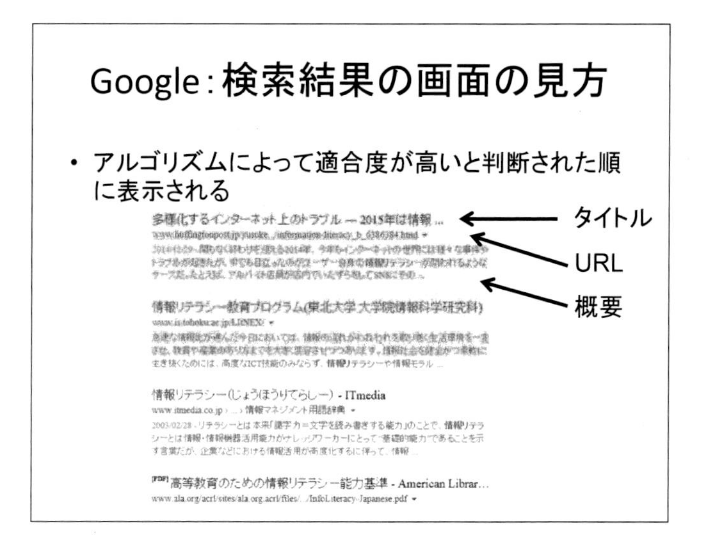

Google:検索結果の画面の見方
• アルゴリズムによって適合度が高いと判断された順
に表示される
タイトル
URL
概要
情報リテラシー教育プログラム(東北大学 大学院情報科学研究科)
情報リテラシー(じょうほうりてらしー) - ITmedia
高等教育のための情報リテラシー能力基準 - American Librar...

URLとは

ドメインとは

- ドメイン:URLの一部(最初のスラッシュまで)。ネットワークやパソコンを特定するためのもの。インターネット上の住所。ドメインを見ることで，その情報の発信場所がわかる。

例)国際こども図書館

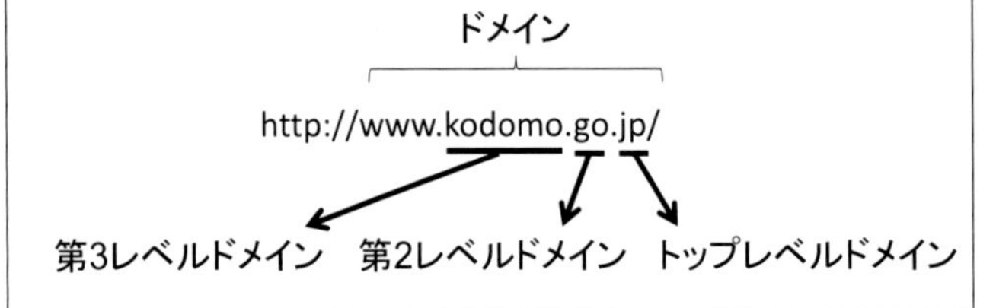

ドメインの構造

- トップレベルドメイン
  - 世界共通で利用される分野別ドメイン

    .com 商業組織　.org 非営利組織

    .edu 米国の教育機関　.gov 米国政府機関
  - 国コード別ドメイン

    .ca カナダ　.uk イギリス
- 第2レベルドメイン(jpドメイン)

  co.jp 会社　or.jp 法人　ac.jp 高等教育機関

  go.jp 政府機関　ne.jp ネットワークサービス

Google：検索オプション

例）Google

- 論理演算を利用した検索
- 検索対象の絞り込み
  - ニュース，書籍，動画，地図，アプリ
  - 更新時期，ファイル形式

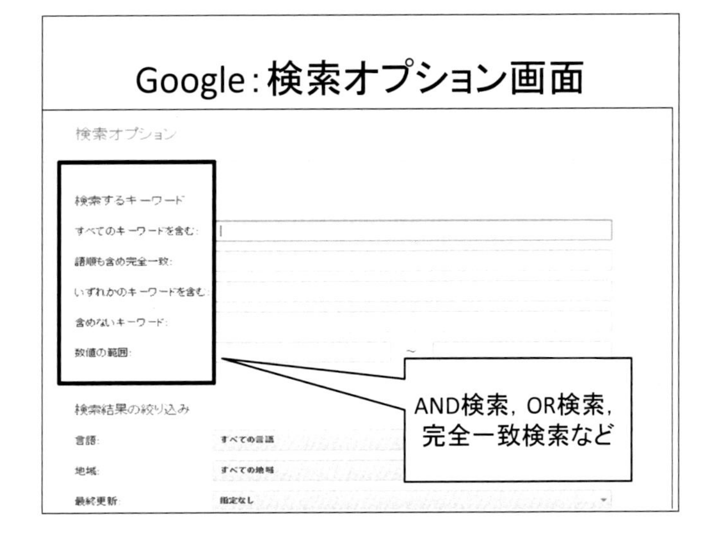

Google：検索オプションの画面（続き）

数値の範囲： 〜

検索結果の絞り込み

言語： すべての言語

地域： すべての地域

最終更新： 指定なし

サイトまたはドメイン：

検索対象の範囲： ページ全体

セーフサーチ： 最も関連性の高い検索結果を表示

ファイル形式： すべての形式

ライセンス： ライセンスでフィルタリングしない

言語，最終更新，
ファイル形式など

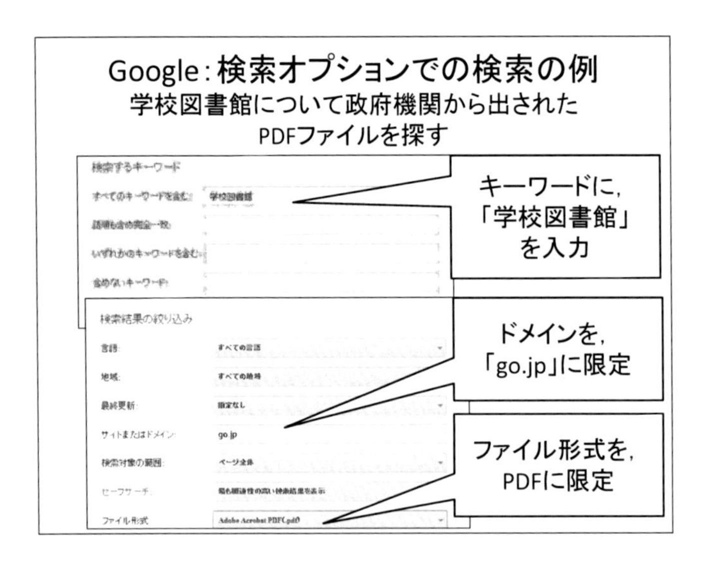

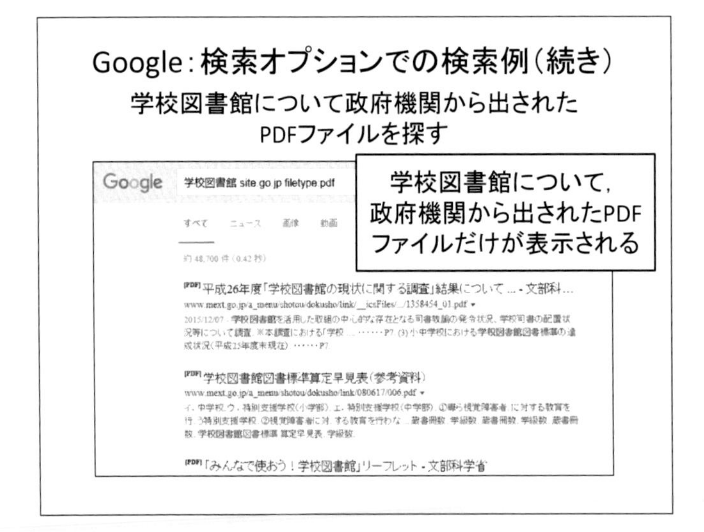

情報を評価する際のポイント

「いかなる情報も，鵜呑みにしない」ことを忘れずに！

1. 適時性
   – その情報はいつの時点の情報ですか？
   – 更新されていますか？
2. 信頼性
   – その情報の根拠や情報源は示されていますか？

情報を評価する際のポイント（続き）

3. 権威性
   – その情報の発信者は誰ですか？
   – 発信者には，そのトピックについて発信するだけの十分な資質が認められますか？
   – その情報はオリジナルの情報ですか，それとも加工された二次情報でしょうか？
4. 目的と範囲
   – その情報はどのような目的で発信されていますか？
   – 情報は偏っていませんか？

効率よく情報を探すために

- 図書館が提供している，情報源へのリンク集，調べ方案内を活用する
- リンク集

  すでに図書館によって評価されたサイトやページが集められている
- 調べ方案内

  最も効率の良い探し方と情報源が示されている

国立国会図書館：調べ方案内

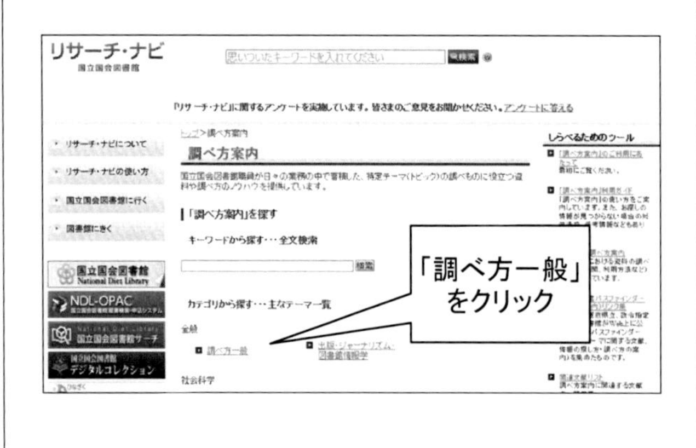

国立国会図書館：調べ方案内（続き）

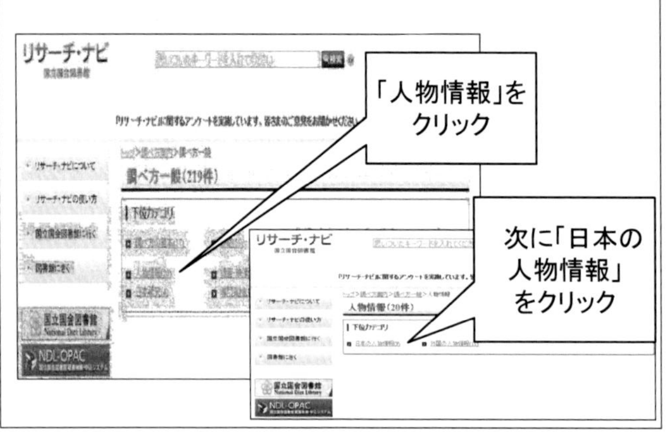

国立国会図書館：調べ方案内（続き）

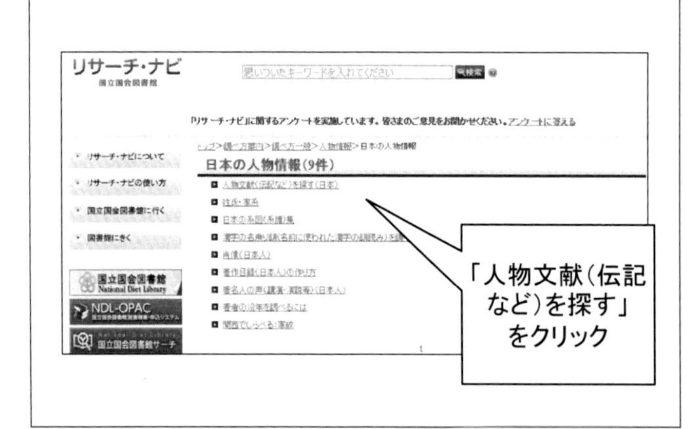

国立国会図書館:調べ方案内(続き)

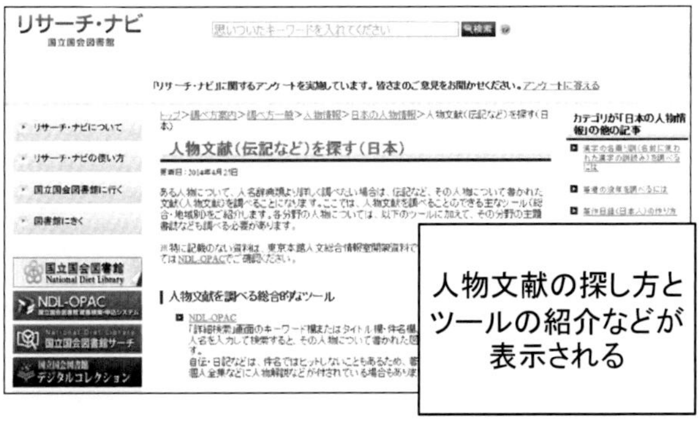

リサーチ・ナビ

人物文献(伝記など)を探す(日本)

人物文献の探し方とツールの紹介などが表示される

例題

レポートで使うことを前提に，次のトピックについて，検索エンジンを使って情報を探してみよう。

①ヒットしたウェブページを授業で学んだ4つのポイントにしたがって評価し，

②妥当だと思うウェブページを選び，4つのポイントについての評価結果と，ウェブページの書誌情報（記事・ページの著者名，記事・ページのタイトル，ウェブサイトの著者名，ウェブサイトの名称，URL，参照日）を記録しよう。

- 小学校でのプログラミング教育必修化について

例題：解答例

- 小学校段階における論的思考力や創造性，問題解決能力等の育成とプログラミング教育に関する有識者会議「小学校段階におけるプログラミング教育の在り方について(議論の取りまとめ)」文部科学省初等中等教育局教育課教育課程企画室企画係

http://www.mext.go.jp/b_menu/shingi/chousa/shotou/122/attach/1372525.htm　　2016年8月13日参照

1. 適時性　2016年6月16日作成の文書。
2. 信頼性　政府機関のサイトなので，信頼性は高い。
3. 権威性　ことがらを管轄する省庁のまとめた文書なので，権威性はある。
1. 目的と範囲　記載なし。

演習問題

〈第１章　大学での学びと情報検索〉

1．レポート執筆において，信頼できる情報源を利用することが重要である理由を説明しなさい。

2．これまでの自分の情報収集を振り返り，以下についてまとめなさい。レポート執筆のための情報を調べる際に，

（１）最初に利用する媒体は何か

（２）その媒体を選んだ理由を説明しなさい

（３）初めに選んだ媒体で満足な情報が得られなかった場合，あるいはさらに調べたい場合，次に利用する媒体は何か

（４）その媒体を選んだ理由を説明しなさい

3．（１）～（４）について，グループ内で順番に発表しなさい。

〈第２章　情報源の種類と特徴〉

1．次の事柄に関する情報は，どの情報源で入手できるか。適切な情報源（１種類とは限らない）と，その理由を考えてみよう。

（１）2017 年 10 月 22 日に行われた衆議院選挙での（自分の居住地などの）各候補者の開票結果

（２）アメリカの医療保険制度の概要

（３）大学図書館に関する最近の研究成果

2．レポート課題のための下調べに適している情報源，レポートを書く際の根拠として利用するのに適している情報源をそれぞれ２種類以上挙げなさい。また，その理由を説明しなさい。

3．『情報検索講義』の書誌情報を，情報源の記録のルールに従って記述しなさい。

〈第３章　データベースの内部構造〉

1．以下の語を Web NDL Authorities と J-GLOBAL（科学技術用語）で検索し，件名標目やディスクリプタ，その同義語・上位語・下位語，対応する分類記号などを調べなさい。

（１）サミット

（２）鶏インフルエンザ

2．図書館 OPAC をはじめ多くの書誌データベースでは，自然語だけでなく統制語も索引語として登録している。しかし，殆どの利用者は統制語彙表を参照することなく思いついた語で検索しており，それで十分なこと

も多い。それでは，統制語による検索が有効なのはどのような状況か，理由とともに述べなさい。

〈第4章　データベース検索の基本〉

1．次のテーマに関する資料を網羅的に集めたい。それぞれについて①統制語彙表を使い，検索語の同義語を見つけなさい。②①で見つけた語を組み合わせて，検索式を作成しなさい。ただし，論理積はAND，論理和はORを使うこと。

（1）「サッカーのオリンピックとW杯の違い」

（2）「深層学習による構文解析」

2．（1）の検索式では以下のベン図のどの部分が検索されるか。また，（2）に示した部分を検索できる検索式を作成しなさい。

（1）A and C not B

（2）ア　イ　エ

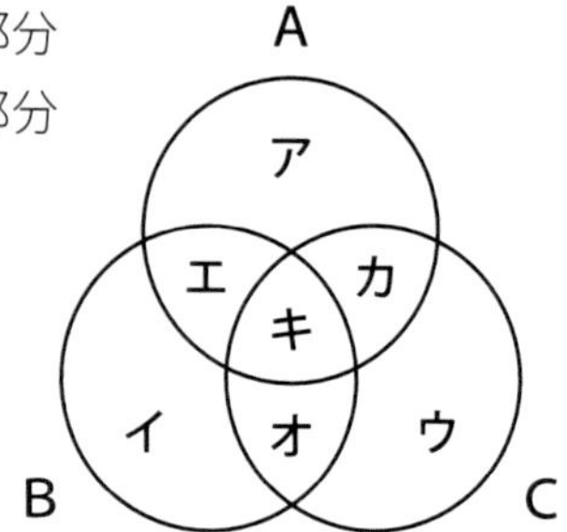

〈第5章　言葉や事柄を調べる〉

1．以下のテーマについてJapanKnowledgeで調べた上で，独自の視点を加えて詳細化したテーマを考えなさい。

（1）日常生活におけるロボットの役割

（2）食品ロスの活用

2．「孑孑」という生物について，その基本情報（漢字のヨミ，語源，生態，画像など）をまとめなさい。

〈第6章　図書を調べる〉

1．以下の図書をNDL ONLINEで調べてその書誌情報をまとめなさい。ただし，書誌情報の書き方は第2章に倣うこと。

（1）『塩狩峠』の作者の著作一覧を確認できる図書

（2）三島由紀夫の『金閣寺』を，大きな文字で読める図書

2．以下に該当する図書（電子書籍は除く）を出版書誌データベースで調べてリストアップしなさい。

（1）“Riemann hypothesis”という数学の難問を扱った図書のうち，2014年以降に出版されたもの

＊該当する図書が多数の場合は，最も適切と思われる3冊を選択すること

〈第７章　単館の所蔵を調べる〉

1．環境問題に関する資料を探していたら，『レイチェル・カーソンに学ぶ現代環境論：アクティブ・ラーニングによる環境教育の試み』（嘉田由紀子，新川達郎，村上紗央里編．法律文化社，2017）という図書を見つけた。日頃利用している図書館で借りることができるのかを確認したいが，どうすればよいか。また上記の図書は，レイチェル・カーソン著『センス・オブ・ワンダー』を参考にしているようだ。この資料についてもあわせて知りたい。それぞれについて，（1）から（4）のプロセスに沿ってまとめなさい。

（1）使用したデータベース
（2）検索項目と検索語の組み合わせ
（3）検索語を選択する際の工夫について
（4）利用の可否について

2．設問１でのテーマに関連する図書をもう少し探したい。テーマは，「学校での持続可能な開発のための教育（SDGs）」に絞ってみた。日頃利用している図書館にどのような図書があるか，それらがすぐに利用できるかどうかについて知りたい。（1）から（3）のプロセスに沿ってまとめなさい。（4）検索結果からもっとも適切と思われる資料３件を選び，第２章での書誌情報の書き方に倣ってそれらの書誌情報と利用の可否について記載しなさい。

（1）使用したデータベース
（2）検索語を選択する際の工夫について
（3）①検索項目と検索語の組み合わせ，②検索結果数
（4）もっとも適切と思われる資料３件の書誌情報とそれらの利用の可否について

3．上記の質問で検索対象とした同じ図書館で，「学校での持続可能な開発のための教育（SDG s）」に関連して，図書以外で役に立つ資料があるかを調べよう。（1）から（3）のプロセスに沿ってまとめなさい。（4）検索結果からもっとも適切と思われる資料３件を選び，第２章での書誌情報の書き方に倣ってそれらの書誌情報と利用の可否について記載しなさい。

（1）使用したデータベース
（2）検索語を選択する際の工夫について
（3）①検索項目と検索語の組み合わせ，②検索結果数
（4）関連していると思われる図書以外の資料３件の書誌情報

〈第８章　複数館の所蔵を調べる〉

1．ある資料について，すぐに確認しなければならない状況になった。自館（日頃利用している図書館）では貸し出し中で，予約したが返却は２週間後になりそうである。そこで，近隣の公共図書館で資料を確認したいがどうすればよいか。その場合の手順について説明しなさい。

2．第７章の設問２と同様に，「学校での持続可能な開発のための教育（SDGs）」についてさらに網羅的に資料を探したい。そこで，自館以外の図書館でどのような資料があるのかを確認したいと考えている。どうすればよいだろうか。（１）から（２）に沿ってまとめなさい。

（１）データベースの選択とその理由について

（２）①検索項目と検索語の組み合わせ，②検索結果，③検索で工夫したこと

3．小学校中・高学年児童向けに，貧困の問題についてわかりやすく説明するために，絵本を使いたいと考えている。適切な資料を見つけるにはどうしたらよいか。下記にしたがって，その手順を説明しなさい。

（１）使用するデータベースとその理由

（２）検索方法

（３）確認すべき事項

〈第９章　雑誌記事を調べる〉

1．「電子図書館の情報サービスのありかた」について雑誌記事を調べて，該当する記事論文の閲覧が可能かについても確認したい。どのような手順を踏めばよいか，（１）から（３）に沿ってまとめなさい。

（１）①選択したデータベース，②検索語の選び方，③データベースで使用した検索項目と検索語の組み合わせ，④検索結果数，⑤検索で工夫したこと

（２）適切と思われる文献の書誌情報２件

（３）閲覧が可能か

2．水産業における産学連携についての資料がほしい。該当する記事論文の閲覧が可能かについても確認したい。どのような手順を踏めばよいか，（１）から（３）に沿ってまとめなさい。

（１）①選択したデータベース，②検索語の選び方，③データベースで使用した検索項目と検索語の組み合わせ，④検索結果数，⑤検索で工夫したこと

（２）適切と思われる文献の書誌情報２件

（３）閲覧が可能か

3．足を診ることで，色々な病気が分かるということをテレビの番組で見た。外国では専門医も定着しているらしい。詳しい情報を知りたいが，医学の専門的なことは難しいので，一般向けの大まかなことを知りたい。インターネットでは，どれが信頼できる情報なのかがよく分からないので，

雑誌に掲載されている情報はないか。

（1）①選択したデータベース，②検索語の選び方，③データベースで使用した検索項目と検索語の組み合わせ，④検索結果数，⑤検索で工夫したこと

（2）適切と思われる文献の書誌情報２件

（3）閲覧が可能か

〈第10章　新聞記事を調べる〉

1．家族の介護制度に関してどのように報道されているのかを知りたい。過去一年間の記事を調べたい。（1）から（3）に沿ってまとめなさい。

（1）使用したデータベース名

（2）①使用した検索語，②検索項目と語の組み合わせかた，③検索語の選び方や検索項目で工夫したこと

（3）検索結果から適切と思われる文献の書誌情報２件

2．人手不足を解消するために始まった外国人介護士の養成と受け入れについて，居住自治体の状況を知りたい。（1）から（3）に沿って新聞記事を調べなさい。

（1）使用したデータベース名

（2）①使用した検索語，②検索項目と語の組み合わせかた，③検索語の選び方や検索項目で工夫したこと

（3）検索結果から適切と思われる文献の書誌情報２件

3．日本人による一番最近の新星発見について知りたい。できれば写真入りの記事を探したい。（1）から（3）に沿ってまとめなさい。

（1）使用したデータベース名

（2）①使用した検索語，②検索項目と語の組み合わせかた，③検索語の選び方や検索項目で工夫したこと

（3）検索結果から適切と思われる文献の書誌情報２件

〈第11章　人物情報を調べる〉

1．アニメ産業で最近活躍している企業が知りたい。

（1）使用したデータベース

（2）①検索項目，②検索語，③検索条件の設定

（3）検索結果の詳細

2．2015年に，日本国憲法の第９条に関して取り上げている人物と関連文献を知りたい。

（1）使用したデータベース

（2）①検索項目，②検索語，③検索条件の設定

（3）検索結果の詳細

3．参議院議会で，道路整備を巡り忖度発言で問題発言した人とその内容や社会的問題を探したいので，まずどのような資料を調べればよいかが知

りたい。（1）から（3）に沿ってまとめなさい。

（1）使用したデータベース

（2）①検索項目，②検索語，③検索条件の設定

（3）検索結果の詳細

〈第12章　公的資料を調べる①〉

以下について調べ，利用したウェブサイトと探索プロセスをまとめなさい。

1．衆議院に提出された公文書の管理に関する法律の一部改正の法律案

2．国会（衆議院）におけるコロナウイルスへの対応についての議論

3．受動喫煙防止についての法律の本文と国会での審議過程（質疑）

4．インターネット上でのプライバシ―の侵害に対する損害賠償を扱った裁判例

〈第13章　公的資料を調べる②〉

1．国内企業でICT人材をどのように確保しているかについての最新統計を調べたい。そのうち社内で人材育成を行っている企業の割合はどの程度か。利用したウェブサイト，探索プロセス，結果をまとめなさい。

2．日本社会におけるICT利用状況については，どの省庁の何という白書を調べればよいだろうか。探索プロセスと結果をまとめなさい。

3．該当する白書の最新版を調べ，ICTの利用によりコミュニケーションがどう変化したと解説されているかを調べなさい。

〈第14章　インターネット情報を調べる〉

1．京都国際マンガミュージアムの入館料（大人）と，現在の展示・イベントを調べなさい。

2．URLの最後が「ie」であるのは，何を表しているか。探索プロセスと結果をまとめなさい。

3．レポートでの利用を想定して，

（1）検索エンジンを利用して，国内でのテレワークの導入に関するウェブページを3つ探しなさい

（2）1で見つけた情報源を，第2章の情報源の記録のルールに従って記述しなさい

（3）それらの情報源を情報を評価する際の4つのポイントに基づいて，それぞれ評価しなさい

出典一覧

No.	スライド*1	出典*2
		〈第3章　データベースの内部構造〉
1	p.21-S2	“データベース”．図書館情報学用語辞典．日本図書館情報学会図書館情報学用語辞典編集委員会編．第4版，丸善，2013，p.161.
2	p.22-S1	国立情報学研究所．CiNii Books：大学図書館の本をさがす．https://ci.nii.ac.jp/books/.
3	p.22-S3	“索引語”．図書館情報学用語辞典．日本図書館情報学会図書館情報学用語辞典編集委員会編．第4版，丸善，2013，p.83.
4	p.24-S2	OCLC．VIAF：バーチャル国際典拠ファイル．http://www.viaf.org.
5	p.24-S3～p.25-S3	国立国会図書館．Web NDL Authorities．http://id.ndl.go.jp/auth/ndla.
6	p.26-S2～p.27-S1	科学技術振興機構．J-GLOBAL．https://jglobal.jst.go.jp/.
7	p.27-S2	國岡崇生ほか．JST シソーラス map：JST 辞書の可視化による効果的な検索語の発見．情報管理．2012，vol.55，no.9，p.662-669.
		〈第4章　データベース検索の基本〉
8	p.29-S2	“情報検索”．図書館情報学用語辞典．日本図書館情報学会図書館情報学用語辞典編集委員会編．第4版，丸善，2013，p.107.
9	p.30-S2	“情報ニーズ”．図書館情報学用語辞典．日本図書館情報学会図書館情報学用語辞典編集委員会編．第4版，丸善，2013，p.109.
10	p.31-S2	“検索式”．図書館情報学用語辞典．日本図書館情報学会図書館情報学用語辞典編集委員会編．第4版，丸善，2013，p.62.
11	p.33-S3	Google．https://www.google.co.jp/.
12	p.33-S3	国立情報学研究所．CiNii Books：大学図書館の本をさがす．https://ci.nii.ac.jp/books/.
		〈第5章　言葉や事柄を調べる〉
13	p.39-S1	ネットアドバンス．“日本国語大辞典第二版 コンテンツ詳細”．JapanKnowledge．https://japanknowledge.com/contents/nikkoku/index.html.
14	p.39-S2～3	ネットアドバンス．JapanKnowledge．https://japanknowledge.com/library/.
15	p.40-S1	エヌ・ティ・ティレゾナント．goo 辞書．https://dictionary.goo.ne.jp/.
16	p.40-S3	ネットアドバンス．“日本大百科全書（ニッポニカ）コンテンツ詳細”．JapanKnowledge．https://japanknowledge.com/contents/nipponica/index.html.
17	p.41-S1～3	ネットアドバンス．JapanKnowledge．https://japanknowledge.com/library/.
18	p.42-S1	ウィキメディア財団．Wikipedia．https://ja.wikipedia.org/,（参照 200-07-22）.
19	p.42-S3～p.43-S1	ネットアドバンス．JapanKnowledge．https://japanknowledge.com/library/.
20	p.43-S2	朝日新聞社，VOYAGE MARKETING．コトバンク．https://kotobank.jp/.
		〈第6章　図書を調べる〉
21	p.46-S2	“書誌”．図書館情報学用語辞典．日本図書館情報学会図書館情報学用語辞典編集委員会編．第4版，丸善，2013，p.113.
22	P.46-S3	“全国書誌”．図書館情報学用語辞典．日本図書館情報学会図書館情報学用語辞典編集委員会編．第4版，丸善，2013，p.132.
23	p.47-S1	“納本制度”．図書館情報学用語辞典．日本図書館情報学会図書館情報学用語辞典編集委員会編．第4版，丸善，2013，p.195.

No.	スライド*1	出典*2
24	p.47-S1	“納本制度”．国立国会図書館．http://www.ndl.go.jp/jp/aboutus/deposit/deposit.html.
25	p.48-S1～p.50-S2	国立国会図書館．NDL ONLINE．https://ndlonline.ndl.go.jp/.
26	p.51-S1～p.52-S2	日本出版インフラセンター．Books．https://www.books.or.jp/.
		〈第7章　単館の所蔵を調べる〉
27	p.55-S2	“蔵書目録”．図書館情報学用語辞典．日本図書館情報学会図書館情報学用語辞典編集委員会編．第4版，丸善，2013，p.138.
28	p.55-S3	国立国会図書館．NDL ONLINE．https://ndlonline.ndl.go.jp/.
29	p.56-S1	“総合目録”．図書館情報学用語辞典．日本図書館情報学会図書館情報学用語辞典編集委員会編．第4版，丸善，2013，p.136.
30	p.56-S3～p.57-S3	愛知淑徳大学．愛知淑徳大学図書館 OPAC．https://cat.lib.aasa.ac.jp/mylimedio/top.do.
31	p.58-S2	“既知文献探索”．図書館情報学用語辞典．日本図書館情報学会図書館情報学用語辞典編集委員会編．第4版，丸善，2013，p. 48.
32	p.60-S3	“主題検索”．図書館情報学用語辞典．日本図書館情報学会図書館情報学用語辞典編集委員会編．第4版，丸善，2013，p.101.
33	p.62-S1	倉田敬子．機関リポジトリとは何か．MediaNet．2006，no.13，p.14-17．http://www5.lib.keio.ac.jp/publication/medianet/article/pdf/01300140.pdf.
34	p.62-S1	“ブダペスト・オープンアクセス・イニシアティヴから10年：デフォルト値を「オープン」に”．Budapest Open Access Initiative．https://www.budapestopenaccessinitiative.org/boai-10-translations/japanese-translation-1.
35	p.62-S1N	国立情報学研究所．IRDB（学術機関リポジトリデータベース）．https://irdb.nii.ac.jp/.
36	p.62-S1N	Jisc．“OpenDOAR Statistics”．OpenDOAR．http://v2.sherpa.ac.uk/view/repository_visualisations/1.html，(access 2020-07-22).
37	p.62-S2	北海道大学．北海道大学学術成果コレクション HUSCAP．https://eprints.lib.hokudai.ac.jp/dspace/index.jsp.
38	p.62-S3	国立国会図書館．“二次利用がしやすいデジタルアーカイブ（国内の図書館）”．リサーチ・ナビ．https://rnavi.ndl.go.jp/research_guide/entry/post-1044.php.
		〈第8章　複数館の所蔵を調べる〉
39	p.64-S2	“横断検索”．図書館情報学用語辞典．日本図書館情報学会図書館情報学用語辞典編集委員会編．第4版，丸善，2013，p.21.
40	p.64-S3～p.67-S1	国立情報学研究所．CiNii Books：大学図書館の本をさがす．https://ci.nii.ac.jp/books/.
41	p.67-S2～p.69-S1	カーリル．https://calil.jp/.
42	p.69-S2	科学技術学術審議会．大学図書館の整備について（審議のまとめ）：変革する大学にあって求められる大学図書館像「用語解説」．科学技術・学術審議会 学術分科会 研究環境基盤部会 学術情報基盤作業部会，2010，p.27．http://www.mext.go.jp/b_menu/shingi/gijyutu/gijyutu4/toushin/attach/1301655.htm.
43	p.69-S3	原聡子，片岡真．ディスカバリーサービスとこれからの図書館．図書館雑誌．2014，vol.108，no.3，p.185-187.
44	p.70-S1～p.71-S2	国立国会図書館．国立国会図書館サーチ．https://iss.ndl.go.jp/.
		〈第9章　雑誌記事を調べる〉
45	p.73-S2	日本図書館協会．目次．図書館雑誌．2011，vol.106，no.8,9.

No.	スライド[*1]	出典[*2]
46	p.73-S3	愛知淑徳大学．愛知淑徳大学図書館 OPAC，https://cat.lib.aasa.ac.jp/mylimedio/top.do.
47	p.74-S1	伊藤真理．楽譜検索での検索戦術に関する利用者調査．Journal of library and information science. 2003, vol.17, p. 49-67.
48	p.74-S2	国立情報学研究所．CiNii Articles：日本の論文をさがす．https://ci.nii.ac.jp/.
49	p.76-S1 ～ p.77-S3	国立情報学研究所．CiNii Articles：日本の論文をさがす．https://ci.nii.ac.jp/.
50	p.78-S1 ～ S2	国立情報学研究所．学術機関リポジトリ IRDB．https://www.nii.ac.jp/irp/.
51	p.78-S3 ～ p.79-S2	Google Scholar．https://scholar.google.com/.
52	p.80-S2 ～ p.83-S3	大宅壮一文庫．“Web OYA-bunko について”．Web OYA-bunko. https://www.oya-bunko.or.jp/web_oyabunko/tabid/73/Default.aspx.
		〈第 10 章　新聞記事を調べる〉
53	p.86-S1	愛知淑徳大学．愛知淑徳大学図書館 OPAC，https://cat.lib.aasa.ac.jp/mylimedio/top.do.
54	p.86-S2	Lowel，Percival．Mars and its canals．New York，Macmillan，1906, map IX．http://gallica.bnf.fr/ark:/12148/bpt6k1344355/f57.item.zoom，(access 2020-07-22).
55	p.86-S3	読売新聞．ヨミダス歴史館．https://database.yomiuri.co.jp/rekishikan/.
56	p.87-S1	ITmedia ニュース．http://www.itmedia.co.jp/news/.
57	p.87-S1	全国新聞ネット．47NEWS．http://www.47news.jp.
58	p.88-S1 ～ p.89-S3	朝日新聞社．聞蔵 II ビジュアル．http://database.asahi.com/.
59	p.90-S1	朝日新聞社．“朝日新聞歴史写真アーカイブ”．聞蔵 II ビジュアル．https://database.asahi.com/library2/login/login.php.
60	p.90-S2 ～ p.92-S1	日本経済新聞社．“記事検索”．日経テレコン．http://telecom.nikkei.co.jp/.
61	p.92-S2 ～ p.94-S2	Google ニュース．https://news.google.com/?hl=ja&gl=JP&ceid=JP:ja.
62	p.93-S1	“All Newspapers”．Google News．https://news.google.com/newspapers?hl=ja.
		〈第 11 章　人物情報を調べる〉
63	p.96-S2 ～ S3	大串夏身，田中均．インターネット時代のレファレンス：実践・サービスの基本から展開まで．日外アソシエーツ，2010，216p.
64	p.97-S1	科学技術振興機構．Researchmap．https://researchmap.jp.
65	p.97-S2	国立国会図書館．“読売ジャイアンツ”．Web NDL Authorities. https://id.ndl.go.jp/auth/ndlna/00643665.
66	p.98-S1	“人物情報横断検索”．G-Search．https://dbs.g-search.or.jp/id/login/WTOP/.
67	p.98-S1	日本経済新聞社．“人事検索”．日経テレコン．http://telecom.nikkei.co.jp.
68	p.98-S2	科学技術振興機構．“研究者”．J-GLOBAL．https://jglobal.jst.go.jp.
69	p.98-S3	東洋経済新聞社．“企業情報”．東洋経済デジタルコンテンツ・ライブラリー．http://dbs.toyokeizai.net/dcl/.
70	p.98-S3	ジー・サーチ．“企業情報横断検索”．G-Search．https://dbs.g-search.or.jp/id/login/WTOP/.
71	p.98-S3	“企業情報”．Yahoo! ファイナンス．https://profile.yahoo.co.jp/.

No.	スライド*1	出典*2
72	p.99-S3 ～ p.100-S2	国立国会図書館．“近現代日本政治関係人物文献目録”．リサーチ・ナビ．https://rnavi.ndl.go.jp/seiji/index.php.
73	p.99-S3	大宅壮一文庫．“Web OYA-bunko について”．Web OYA-bunko. https://www.oya-bunko.or.jp/web_oyabunko/tabid/73/Default.aspx.
74	p.100-S3 ～ p.101-S1	国立国会図書館．“日本人名情報索引（人文分野）データベース”．リサーチ・ナビ．https://rnavi.ndl.go.jp/jinmei/index.php.
75	p.102-S1 ～ p.104-S1	日外アソシエーツ．“Who Plus 概要”．WhoPlus．http://www.nichigai.co.jp/database/who-plus.html.
		〈第 12 章　公的資料を調べる①〉
76	p.105-S3 ～ p.106-S2	衆議院．http://www.shugiin.go.jp/internet/index.nsf/html/index.htm.
77	p.107-S1 ～ 3	国立国会図書館．国会会議録検索システム．https://kokkai.ndl.go.jp/#/.
78	p.108-S1 ～ p.109-S2	国立印刷局．インターネット版 官報．https://kanpou.npb.go.jp/.
79	p.109-S3	国立印刷局．官報情報検索サービス．https://search.npb.go.jp/kanpou.
80	p.110-S2 ～ p.111-S1	総務省行政管理局．e-Gov 法令検索．https://elaws.e-gov.go.jp/search/elawsSearch/elaws_search/lsg0100/.
81	p.111-S2 ～ p.113-S1	国立国会図書館．日本法令索引．https://hourei.ndl.go.jp/#/.
82	p.113-S2	衆議院．http://www.shugiin.go.jp/internet/index.nsf/html/index.htm.
83	p.113-S3 ～ p.114-S1	国立国会図書館．日本法令索引．https://hourei.ndl.go.jp/#/.
84	p.114-S3 ～ p.115-S2	最高裁判所．裁判例検索．https://www.courts.go.jp/app/hanrei_jp/search1.
85	p.115-S3	第一法規．D1-Law.com．https://www.d1-law.com/.
86	p.115-S3	TKC.TKC ローライブラリー．http://lex.lawlibrary.jp/.
		〈第 13 章　公的資料を調べる②〉
87	p.117-S2 ～ p.121-S2	総務省統計局．独立行政法人統計センター．e-Stat：政府統計の総合窓口．https://www.e-stat.go.jp/.
88	p.121-S3 ～ p.122-S2	厚生労働省．https://www.mhlw.go.jp/index.html.
89	p.122-S3 ～ p.123-S2	総務省統計局．https://www.stat.go.jp/index.html.
90	p.123-S2 ～ p.124-S3	“総合統計書”．総務省統計局．http://www.stat.go.jp/data/sougou/index.htm.
91	p.125-S2 ～ p.126-S1	“白書・年次報告書等”．e-Gov：電子政府の総合窓口．https://www.e-gov.go.jp/publication/white_papers.html.
92	p.126-S2 ～ p.127-S1	“白書”．文部科学省．https://www.mext.go.jp/b_menu/hakusho/hakusho.htm.
		〈第 14 章　インターネット情報を調べる〉
93	p.129-S1 ～ 3	Google．https://www.google.co.jp/.
94	p.130-S1	帝京大学メディアライブラリーセンター．https://appsv.main.teikyo-u.ac.jp/tosho/tos.html.
95	p.131-S1 ～ p.132-S3	Google．https://www.google.co.jp/.
96	p.134-S1 ～ p.135-S1	国立国会図書館．リサーチ・ナビ．https://rnavi.ndl.go.jp/research_guide/.

＊1：Nとあるものは，PPTXデータのノートに対する出典です。
＊2：出典内のURLはすべて2020年７月末日に確認しています。

[執筆者]

伊藤真理（いとうまり）：7～11章
（愛知淑徳大学 人間情報学部 教授）

上岡真紀子（うえおかまきこ）：1，2，12～14章
（帝京大学 共通教育センター 准教授）

浅石卓真（あさいしたくま）：3～6章
（南山大学 人文学部 准教授）

改訂 情報検索講義

2016年9月16日　初版第1刷発行
2020年8月31日　改訂第1刷発行

検印廃止

著　者©　伊藤真理
　　　　　上岡真紀子
　　　　　浅石卓真

発行者　大塚栄一

発行所　株式会社 樹村房
〒112-0002
東京都文京区小石川5丁目11番7号
電話　東京03-3868-7321
FAX　東京03-6801-5202
http://www.jusonbo.co.jp/
振替口座　00190-3-93169

デザイン・組版／BERTH Office
印刷・製本／倉敷印刷株式会社

ISBN978-4-88367-346-9
乱丁・落丁本はお取り替えいたします。